Berührt –
Alltagsgeschichten von Familien
mit behinderten Kindern

Miterlebbar wird in diesen Geschichten die Liebe und die Fürsorge dieser Frauen für ihre Kinder, der Kampf um Anerkennung und die Freude über jeden errungenen Sieg. Die kleinen Schritte voran sind die Erfolgserlebnisse, die oftmals Enttäuschungen, Verletzungen und die Traurigkeit erträglich werden lassen: Die Kinder haben ihnen beigebracht, wie nah Weinen und Lachen beieinander liegen, sie haben zu einer Achtsamkeit geführt, die das Menschenbild der Frauen verändert hat.

Pressestimmen zum Buch

»Authentisch und einfühlsam berichten sie über ihr Leben mit einem behinderten Kind, bringen Wahrnehmungen, Gefühle und Phantasien zum Ausdruck.« *(Frankfurter Allgemeine Zeitung)*

»Schnörkellos und ohne Schönfärberei, das ist bewegend. Es berührt.« *(Birte Marquardt/Katja Berkan, Hessisches Fernsehen)*

»Das Buch ist eindrucksvoll durch seine Ehrlichkeit, es ist absolut lesenswert, im übrigen durchgehend gut geschrieben...«

(V. v. Loewenich, Kinder- und Jugendarzt)

»Sehr zu empfehlen.« *(Brigitte May, Buchprofile)*

»Dieses Buch war schon lange fällig. Ein bemerkenswertes und unbedingt lesenswertes Buch!« *(www.leichte.de)*

»... wird jegliche Gefühlsduselei vermieden, wird Kritik am privaten wie öffentlichen Umfeld deutlich markiert, aber nicht als einseitige oder projektive Schuldzuweisung missverstanden. Ein wichtiges Zeitdokument.« *(Prof. Manfred Gerspach, www.socialnet.de)*

»Die Autorinnen nehmen dem Leser seine Befangenheit, lassen ihn nahe heran und teilhaben – eine bessere Voraussetzung, um für Verständnis und Akzeptanz zu werben gibt es nicht.«

(Claudia Burkhardt-Mußmann, Analytische Kinder- und Jugendlichen-Psychotherapie)

»Traurig, skurril, wütend und witzig sind die Geschichten.«

(Frankfurter Neue Presse)

Claudia Carda-Döring/
Rosa Maria Manso Arias/
Tanja Misof/Monika Repp/
Ulrike Schießle/Heike Schultz

Berührt –

Alltagsgeschichten von Familien mit behinderten Kindern

Nachwort von Ute Rüster

Brandes & Apsel

Sie finden unser Gesamtverzeichnis mit aktuellen Informationen im Internet unter:
www.brandes-apsel-verlag.de
Wenn Sie unser Gesamtverzeichnis in gedruckter Form wünschen, senden Sie uns eine E-Mail an: *info@brandes-apsel-verlag.de* oder eine Postkarte an:
Brandes & Apsel Verlag, Scheidswaldstr. 22, 60385 Frankfurt a. M., Deutschland

2. durchgesehene Auflage 2006

1. Auflage 2006

Lektorat: Roland Apsel, Frankfurt a. M.
DTP: Franziska Gumprecht, Brandes & Apsel Verlag GmbH, Frankfurt a. M.
Umschlaggestaltung: Winhold Döring, Graphicon GmbH, Offenbach a. M. unter Verwendung von Fotos der Kinder der Autorinnen
Druck: Tiskarna Ljubljana d. d., Ljubljana, Printed in Slovenia
Gedruckt auf säurefreiem, alterungsbeständigem und chlorfrei gebleichtem Papier.

Bibliografische Information *Der Deutschen Bibliothek:*
Die Deutsche Bibliothek verzeichnet diese Publikation in der Deutschen Nationalbibliografie; detaillierte bibliografische Daten sind im Internet über http://dnb.ddb.de abrufbar.

ISBN 3-86099-829-3

Inhalt

Für Luca und Lili,
Raul und Nele,
für Alex und Karlo,
Philipp und Pauline

Vorwort

Wir haben Geschichten über unsere Kinder gesammelt. Es sind traurige, skurrile, berührende, ärgerliche und witzige Geschichten, die in dieser Form anders sind, weil unsere Kinder anders sind. Unsere Kinder hinterlassen besondere Spuren bei uns und unseren Familien und unserem Umfeld. Unsere Kinder haben eine Behinderung.

Wir sind sechs Frauen im Alter von 35 bis 45 Jahren, die sich seit sieben Jahren regelmäßig bei der Lebenshilfe Frankfurt am Main treffen. Unsere Gesprächsrunde wird geleitet von Ute Rüster, ehemalige Leiterin der dortigen Frühförderstelle. Sie gestaltet für unsere Gespräche den Rahmen und bietet mit ihrer Professionalität und Empathie die Unterstützung, die wir brauchen, um einen Alltag zu thematisieren, der uns täglich mit neuen Herausforderungen, Diskriminierungen und Überforderungen begegnet.

Wir sechs Frauen haben zusammen genommen 13 Kinder. Jede von uns hat ein Kind mit einer Besonderheit, wie z. B. das Perisylvische Syndrom oder das Angelman Syndrom. In unserer Gesprächsrunde erzählen wir über unsere Erlebnisse und Befindlichkeiten. Dabei drehen sich unsere Gespräche, so unterschiedlich die Inhalte auch sein mögen, immer wieder um ähnliche Gefühle. Sie sind geprägt von Hilflosigkeit, Wut und Trauer, aber auch von Stolz, intensiver Fürsorge und Engagement.

Wir haben viele dieser Geschichten aufgeschrieben, weil wir sie bewahren wollen. Wir wollen sie aufbewahren für die Geschwisterkinder, die mit uns in dieser besonderen Familiensituation leben und groß werden. Wir möchten einen Teil dieser Geschichten veröffentlichen, weil wir vermitteln wollen, wie es uns in unseren Familien ergeht, wie wir von unserem Umfeld behandelt werden und wie wir unseren Platz in dieser Gesellschaft erkämpfen und finden müssen.

Statistisch gesehen hat jeder Achte eine persönliche Verbindung zu einem geistig behinderten Menschen in seiner Nachbarschaft, am Arbeitsplatz, in der Familie oder im Bekannten- und Freundeskreis. Mit unserem Buch möchten wir dieses Umfeld erreichen. Wir hoffen, es gelingt uns, unsere Sorgen und Nöte zu schildern in einer Art und Weise, die nicht Betroffenheit und Mitleid auslösen sollen, sondern zu Verständnis und Akzeptanz führen.

Es sind keine Heile-Welt-Geschichten, die wir zusammengetragen haben. Das würde nicht unserem Alltag entsprechen. Was uns vorantreibt in diesem Alltag ist die Liebe zu unseren Kindern. Manchmal versteckt sie sich, ist nicht mehr sichtbar, aber diese Liebe und Fürsorge sind der Motor, der uns am Laufen hält. Die gemeinsame Freude über jeden errungenen Sieg und die kleinen Schritte voran sind die Erfolgserlebnisse, die oftmals Enttäuschungen, Verletzungen und Traurigkeit vergessen machen.

Unsere Kinder haben uns beigebracht, wie nah das Lachen und das Weinen beieinander liegen. Sie haben uns Demut und Behutsamkeit gelehrt und unser Menschenbild verändert. Sie bestimmen unser Leben und haben uns gezeigt, dass wir die Vielfalt und jegliche Form menschlichen Daseins akzeptieren müssen. Wir kämpfen uns und unsere Kinder durch einen Alltag, der von Hindernissen geprägt ist, und dennoch wollen wir uns den Blick auf diese Vielfalt bewahren.

Kapitel 1

… wie alles anfing

Die Dienstagsgruppe

Als Katharina ganz klein war, hatte ich das Gefühl, außer uns gäbe es keine Eltern mit entwicklungsverzögerten oder gar behinderten Kindern. Die anderen Eltern saßen freudestrahlend auf dem Spielplatz, voller Stolz auf ihre Kinder, die mit dem Laufen anfingen oder gerade die Klettergerüste erkundet hatten. Die Gespräche drehten sich um unruhige Nächte, Verstopfungen oder die Teilnahme am Mutter-Kind-Turnen.

Für mich ist auf einmal alles so anders.

Vor Katharinas endgültiger Diagnose habe ich die anderen Kinder genau beobachtet: Guckt dieses Kind nicht auch manchmal ein bisschen komisch? Wieso läuft diese Kleine so wackelig? Und wieso kann das große Baby noch nicht sitzen? Ich war geradezu auf der Suche nach anderen Auffälligkeiten, konnte aber nie etwas finden. Nicht dass ich mich gefreut hätte, wenn jemand ein behindertes Kind bekommen hätte. Aber es konnte doch auch nicht sein, dass es außer uns niemanden in einer ähnlichen Situation gab. Wo waren die denn alle? Ich mochte mich mit Müttern und Kindern in Katharinas Alter auch gar nicht treffen. Weil ich nicht wusste, worüber wir reden sollten. So bin ich statt in den Miniclub zur Krankengymnastik gefahren, statt zum Babyschwimmen zum nächsten Arzttermin.

Trotzdem gab es immer noch genug Normalität, auch einfach deshalb, weil wir ja noch Oliver hatten. Durch ihn hatten wir natürlich Kontakt zu Kindern und deren Familie, und Katharina war als Schwester auch immer dabei. Unseren Freunden haben wir immer von unseren Ängsten erzählt, von unseren Arztterminen und den neuesten Befunden. Viele haben uns sehr unterstützt, bei anderen hatte ich schon manchmal das

Gefühl, sie können das Ausmaß unserer Befürchtungen gar nicht erfassen. Auch unsere Eltern wollten uns wohl trösten, indem sie sagten, dass das schon noch werden würde, und wir sollten uns nicht so viele Gedanken machen. Dies war aber kein Trost, und ich fühlte mich dabei einfach nicht ernst genommen. Und die, die meine Ängste ernst genommen hatten, standen mir noch nicht einmal besonders nahe. Aber es waren Frauen, die selbst etwas Einschneidendes erlebt hatten, z. B. einen behinderten Familienangehörigen, oder die ein Baby verloren hatten. Sie konnten meine Hilflosigkeit gut verstehen, und ich habe mich verstanden gefühlt.

Mein erster großer Rettungsanker war dann Katharinas Frühförderer. Die Frühförderung fing kurz nach Katharinas erstem Geburtstag an, die Diagnose Angelman Syndrom hatten wir kurz zuvor erhalten. Im Nachhinein würde ich sagen, nicht nur Katharina hat von dem neuen »Spielfreund«, den mitgebrachten Spielsachen und den guten Ideen sehr profitiert. Ich hatte endlich jemanden, dem unsere Situation nicht fremd war, der mir viel erzählen konnte und der mir auch zuhörte. Und irgendwie wurde er – ohne dass es so klar war – zu meinem »Kummerkastenonkel« (wofür ich ihm sehr dankbar bin!). Er hat auch zwischen meinem Mann und mir vermittelt, Entwicklungsschritte von Katharina beurteilt und uns bei der Kindergarten- und Schulsuche begleitet. Aber er war trotz allem ein Außenstehender. Und die anderen Mütter behinderter Kinder waren immer noch nicht aufgetaucht.

Bis zu dem Tag, als wir unser erstes Dienstagstreffen hatten. Ich weiß noch, wie aufgeregt ich war. Dass wir uns ganz am Anfang überlegt haben, ob wir uns »siezen« oder »duzen« sollten. Und dann hat Ute ihre Marmorkugel rausgeholt. Die Zauberkugel, die einem Kraft gibt, wenn man sie in der Hand hält. Die einen manchmal Dinge sagen lässt, die man für sich behalten wollte, und das sind dann immer unsere spannendsten Abende geworden! Jede von uns hat sich vorgestellt, und wir haben von unseren Kindern erzählt.

Ich habe den Abend noch sehr deutlich in Erinnerung, weil ich plötzlich das Gefühl hatte: Ja, hier sind die, die ich gesucht habe! Die genau die Sachen erlebt haben, die ich erlebt habe und von denen ich das Gefühl habe, sie verstehen mich. Und sie verstehen mich vielleicht auch deshalb so gut, weil es eben auch Frauen sind. Deshalb waren die Dienstage für mich meine Rettung: weil es hier Trost gab, weil man zuhörte und weil wir auch immer viel gelacht haben.

Ich weiß noch genau, wie Frau H. mich damals angesprochen hat. Ob ich Lust hätte, mal andere Eltern behinderter Kinder zu treffen, fragte sie. Ja, Lust hatte ich schon. Aber ich hatte jede Menge Vorurteile. Ich konnte mir nicht vorstellen, wie Eltern von Kindern mit Behinderung wohl wären.

Als ich den Aufzug des Gebäudes betrat, war ich sehr unsicher. Überall hingen Schilder mit der Aufschrift »Lebenshilfe für Menschen mit geistiger Behinderung«. Doch ich wusste nicht einmal, ob mein Kind so etwas hat. Ich kam mir völlig fehl am Platze vor. Eigentlich wollte ich nur ein, vielleicht zwei Mal kommen, um mir das anzuschauen. Schließlich hatte ich auch montags Basketballtraining, und darauf wollte ich auf gar keinen Fall verzichten. Doch paradoxerweise war es für alle anderen Mütter kein Problem, den Termin auf Dienstag Abend zu verschieben.

Das machte mir Mut. Der Gesprächskreis sollte 14-tägig stattfinden, und zunächst waren zehn Treffen vorgesehen. Zehn Treffen. Das würde ich schon schaffen und könnte ja dann immer noch abspringen. Mich mit Menschen zu umgeben, die mit Behinderten zu tun haben, war nicht wirklich in meinem Interesse. Ich hatte mit mir genug zu tun. Ich wollte mir kein Gejammere anhören und wollte nicht etwas dazu sagen müssen. Ich war zunächst ziemlich negativ eingestellt.

Und dann? Es war so spannend. Es tat gut. Endlich hörte ich andere Betroffene und ihre Geschichte. Hier gab es plötzlich eine Ansammlung netter Frauen, bei denen ich wirklich das Gefühl hatte, verstanden zu werden. Die Treffen waren sehr intensiv und gingen oft unter die Haut. Nur jeden zweiten Dienstag kamen wir in den Genuss, wieder etwas über die anderen Familien erfahren zu dürfen. Auch von der Leiterin des Gesprächskreises, Frau Rüster, habe ich viel mitgenommen: Ruhe und Gelassenheit! Jede Menge Erfahrung und Wissenswertes gab sie mir mit auf den Weg. Mein Weg schien mir sehr steil und steinig, aber Frau Rüster gab immer wieder Anstöße, sich aus der Verzweiflung heraus zu retten.

Nur alle zwei Wochen fanden unsere Treffen statt. Nach einer Weile kam es mir viel zu selten vor. Nur zehn Mal war zunächst vereinbart. Sollte danach womöglich alles beendet sein? Doch zum Glück dachten die anderen ähnlich wie ich, und wir hängten weitere und noch weitere zehn Mal dran. Bis zum heutigen Tag! Ich genieße die Stunden mit Frau Rüster und den anderen nach wie vor. Ich liebe unsere Rituale wie das Kugel-Rumgeben und das Weihnachts- oder Neujahrs-Treffen mit den Männern. Nicht zu vergessen sind unsere Familienwochenenden auf dem Bauernhof.

Inzwischen kennen wir uns nun schon alle ganz schön lange und gut. Ich wünsche mir, dass diese Dienstage niemals aufhören. Wir treffen uns zur Selbsterfahrung, bereiten Elternabende vor oder stürzen uns in eine neue Aktivität. Was wir auch tun, es tut mir gut.

Kapitel 2

… und plötzlich hatten wir ein behindertes Kind

Anders als gedacht

Unser Familienlebenslauf begann damit, dass meine geliebte kleine Oma an einem ganz gewöhnlichen Dezembertag starb. Neun Monate später brachten wir unseren Sohn zur Welt, das heißt: Erst versuchte ich es eine Nacht und einen heißen Tag lang, danach die Ärzte per Kaiserschnitt in Routinezeit.

Unser Kind bekam die schönsten Vornamen, die wir kannten: Marvin Philipp Julian, alle gleichzeitig, denn er sollte unser einziges Kind bleiben.

Ein zerknautschtes, hängebackiges Etwas, mit 4350 Gramm schon damals aus der Norm, traf also auf den fast 37-jährigen J., Volkswirt aus Freiburg, und nun bei einer Privatbank arbeitend, den schon seine früh verwitwete und verstorbene Mutter vor den nervigen Kindern – besonders den eigenen – gewarnt hatte, und auf die 34-jährige K., die durch das Ergreifen eines Berufes in der Reisebranche aus dem Leben einer gutbürgerlichen Handwerkerfamilie in einem kleinen, schönen Dorf im Münsterland herausgetreten war und zuletzt als Vollbluttouristikerin im Rhein-Main-Gebiet Urlaubssuchende beriet und so oft es ging, möglichst ferne und besondere Länder bereiste.

Als stolze, frisch gebackene Mutter freute ich mich also darauf, den Sinn für Naturschönheiten, wie die Wildpilze im heimischen Wald oder die bizarren Steinwüsten des Jemen, bei unserem Kind zu wecken; oder das Ohr für Besonderheiten, wie den Klang eines Schwarmes von Wildgänsen, der am Himmel gen Süden zieht, zu schulen; oder für das Gefühl, wie weich seidiges, türkisfarbenes Karibikwasser auf sonnengebräunter Haut kühlen kann, zu öffnen. Wie schön würde es sein, all diese Erfahrungen und Erlebnisse gemeinsam mit unserem Kind zu teilen, das dies alles begierig und gerne lernen würde.

Aber zwischen dem, was man für normal hält, und unserer Realität liegt der Schmerz.

Marvin durfte nach anfänglichem Verdacht auf Trinkschwäche und Spalt im weichen Gaumen nach neuntägigen Untersuchungen und Beobachtungen in der Universitätsklinik unserer Stadt ohne Befund zu Hause endlich einziehen.

Dieser Fehlstart – ohne stolze Mutterfreuden und Gratulationen für das neue Glück auf der hübschen Wöchnerinnenstaion – schien vergessen. Alles Neue, mit dem sich auch andere Erstlingseltern anfreunden mussten, erlernten wir gerne. Das Unbekannte gehörte zum spannenden Eltern-Werden dazu.

Schöne, unbeschwerte sechs Wochen brachen jäh ab: Der Kinderarzt stellte bei unserem Kind neurologische Krämpfe fest.

Nach einer Nacht voller Ungewissheit und Ängste reagierte der Arzt endlich, nachdem er am Vortag meine Beschreibung von Marvins merkwürdigem Verhalten – eigenartiges Zucken, Zittern, Fausten der Hände und plötzliches Aufschreien – als nicht akut behandlungsbedürftig und eine Erforschung der Gründe als gesundheitlich nicht eilend einstufte. Jetzt sollte es plötzlich im Krankenwagen in die Uniklinik gehen!

Marvin Kliniklaufbahn sollte also fortgesetzt werden.

Spritzen, Kanülen, Maschinenparks, alamierende Monitore bestimmten von nun an das kleine Leben; zahllose Untersuchungen, zu viele – wie uns schien – mehrfach durchgeführt, weil nicht eindeutig oder routinemäßig, mußte der kleine Säugling ertragen – was für alle sehr schmerzhaft und seelefressend war.

Ich mutierte von stolzer, jetzt besorgter Mutter zur exakt beobachtenden Ersatzkrankenschwester und Therapeutin. Alles an unserem Kind schien auf einmal auffällig und unnormal!

Ungenaue Erkenntnisse, seltene Befunde, wenige Vergleichsfälle... Marvin passte in kein Krankheitsbild. Ein seltener Fall, sehr interessant – für die Professoren.

Der noch so kleine Säugling entgleitet aus unserer behütenden Fürsorge in eine kalte Maschinerie, die uns auch heute noch immer wieder – trotz langjährigem Gewöhnungsprozess – erschaudern läßt. Seitdem verbanne ich Gefühle wie Angst und Wut hinter einen Eisenpanzer. Meine Gefühlsregungen werden so spärlicher sichtbar. Diese Strategie, um nicht von außen verletzt werden zu können, half mir scheinbar lange Jahre, doch leider legt sich dieser undurchdringliche Mantel von Unnahbarkeit auch schwer auf die Seele, so dass auch schöne Gefühle und positive Ereignisse durch diese Blockade ihrer Berechtigung beraubt wurden und werden.

Ein Name für Marvins Eigenartigkeit wird gefunden: perisylvisches Syndrom. Eine seltene angeborene Hirnfehlbildung, die eine inzwischen – Marvin ist jetzt elf Jahre alt – große Retardierung mit Cerebralparese zur Folge hat bzw. bedingt.

Marvin ist ein hübscher, lang und schmal gewachsener, dunkelblonder Junge mit großen blauen Augen. Er lebt mit einer ganz eigenen sinnlichen Wahrnehmung und erspürt sich und seine Umwelt über Gerüche, die Haut, Stimmungen, Gefühle, intensives Schmecken. Umwelterfahrungen durch Ergreifen, selbstbestimmtes Ertasten, neugieriges Entdekken, eigenes Fortbewegen; aufrechtes Stehen oder gar Laufen sind ihm fremd. Hörgeräte sollen ihm eine bessere Aufnahmefähigkeit seiner akustischen Umwelt ermöglichen, er ist als blind eingestuft.

Marvins Diagnose: ein mehrfach körperlich und geistig schwerstbehindertes Kind der Pflegestufe 3 mit unbekannten Zukunftsaussichten, da seine Besonderheiten zu selten und unerforscht sind.

Marvin konnte, nachdem seine Krampfanfälle relativ gut medikamentös eingestellt wurden, immer besser von uns in die »normale« Welt mitgenommen werden. Trotz damals noch häufiger epileptischer Anfälle machten wir zu zweit bei Babytreffs und im Miniclub mit. Im Alter von zwei bis vier Jahren besuchte Marvin alleine eine integrative Krabbelstube wochentags von neun bis vierzehn Uhr; dann erhielten wir einen der sehr raren Plätze in unserem Wunschkindergarten – einer seit über zwanzig Jahren integrativ arbeitenden Einrichtung im Norden unserer Stadt. Seit September ist Marvin Schüler einer Sonderschule im Wetteraukreis. Sie nimmt als einzige Schule in Hessen blinde oder sehbehinderte Kinder auf, die gleichzeitig mehrfach schwerstbehindert sind. Nur eine sehr geringe Anzahl von Kindern hat pro Jahr die Chance auf einen der wenigen freiwerdenden Plätze.

Jetzt lebt Marvin während der Schultage im Schülerwohnheim mit fünf ähnlich besonderen Kindern in einer überschaubaren Gruppe. Dies scheint ein großes Glück für uns alle, und wir hoffen, dass er die nächsten acht Jahre bis zum Ende der Schulpflicht dort bleiben kann.

Danach droht Marvins Leben, seine Förderung im Erwachsenenalter einzubrechen. Gute und sinnvolle Lebensassistenz und für ihn passende

Wohnformen scheinen nicht zu existieren oder werden aus wirtschaftlichen Gründen wegrationalisiert. Wird es dann nur noch den Pflegeplatz im Altenheim geben, wenn sich die Politik und die Einstellung der Menschen nicht ändern?

Ich möchte dich mitnehmen in eine andere Welt. Eine Welt, die jeder Mensch anders erfühlt, in die auch du mit deinen ganz persönlichen Erfahrungen eintreten kannst.

Nimm dir zuerst ein wenig Zeit für eine bequeme Haltung; erlaube dir, diese Minuten für dich zu nehmen, sie in Muße zu erleben.

Schließe die Augen und folge innerlich mit offenen Sinnen meinen Anweisungen: Ich führe dich in eine dir unbekannte Umgebung, du spürst meine leitende Hand wohlig auf deiner Schulter, du vertraust mir und gehst in den Raum, ohne deine Augen zu öffnen, ohne etwas zu sehen. Am Klang unserer Schritte kannst du dir vielleicht die Beschaffenheit des Bodens vorstellen, du erfühlst die Luft um dich herum – vielleicht schwingt sie; wie warm fühlt sie sich an? Gibt es Unterschiede? Vielleicht gibt es auch einen Geruch oder du schmeckst sogar etwas.

Dein Körper ist ganz entspannt, der Druck meiner Hand veranlaßt dich, stehen zu bleiben, du gehst in die Hocke und du legst dich auf den Rücken auf eine Gymnastikmatte.

Spürst du, ob sie mitten im Raum liegt, am Rand, in welche Richtung sie gedreht ist?

Durch deine geschlossenen Augenlider dringt vielleicht das Licht einer Lampe oder die hellere Umgebung eines Fensters. Winkle deine beiden Arme so an, dass unter den Achseln (zwischen Oberkörper und Ellenbogen) und auch zwischen Ober- und Unterarm je ein Winkel von ca. 45° entsteht. Dein Kopf fällt zur Seite nach rechts oder links auf die Matte. Fühle die Beschaffenheit dieser Unterlage, erahnst du sie, hat sie vielleicht ein Muster und kannst du es in dieser Position erfassen? Lege dein rechtes Bein über das linke, so dass beide Fersen den Boden berühren. Merkst du ein Ziehen, Drücken oder Stechen in der Hüfte, in den Kniegelenken, im Becken, im Rücken, in der Schulter, im Ellenbogen, in den Handflächen, im Nacken?

Könntest du dich bequemer legen, ohne diese Position groß zu verändern?

Die Augen bleiben weiterhin geschlossen. Was hörst du in der Umgebung, nah bei dir oder in der Ferne? Gibt es ein wiederkehrendes Geräusch, ein Atmen, das Ticken einer Uhr vielleicht, ein Rauschen?

Wie ist die Temperatur nach längerem Liegen, gibt es einen Windzug? Naht eine Person, die du spüren kannst? Was ist mit deinem Magen? Würdest du gerne etwas essen? Dein Mund erspeichelt ein Lieblingsgericht – wie fühlen sich die Lippen an? Hast du Durst? Du hältst immer noch die Augen geschlossen. Du merkst, dass du sie nicht öffnen willst. Du kannst sie geschlossen halten. Du liegst immer noch in der beschriebenen Position auf der Matte, dein Körper merkt, dass er so liegenbleiben kann.

Du kannst dich und deine Umwelt auch so – ohne etwas zu sehen – ersinnen. Vielleicht hörst du etwas, vielleicht riechst du etwas, du erspürst die Umgebung, erahnst Hell und Dunkel, vielleicht schmeckst du ja auch etwas.

Wie reagierst du, wenn plötzlich ein lautes Geräusch an dich heranknallt? wenn dich jemand von hinten hochzieht? Was passiert in dir, wenn plötzlich etwas in deinen Mund gesteckt wird? Wenn das linke Bein abrupt angefaßt wird?

Möchtest du etwas sagen, vielleicht aufschreien?

Stell dir vor, niemand wird deine Art, dich zu äußern, deuten können! Niemand wird deine Bedürfnisse verstehen!

All diese plötzlichen, für dich unvorhersehbaren Eindrücke magst du nicht. Du willst sie loswerden. Du möchtest weglaufen, aufstehen. Stell dir vor, dein Körper kann das aber nicht! Er zuckt nur leicht, verspannt oder er bleibt schlapp!

Vielleicht möchtest du gerade nichts essen, dir schmeckt es nicht, du hast keinen Hunger, die Zähne, der Mund tun dir weh; du erkennst diese Speise nicht oder du magst lieber vorher dringend etwas trinken. Es könnte auch sein, dass du schneller gefüttert werden möchtest, weil du viel essen magst und Hunger hast.

Stell dir vor, du wirst nur den Mund öffnen können oder ihn vielleicht zukneifen oder den Inhalt rauslaufen lassen. Wird jemand dich so verstehen?

Möchtest du deine Ruhe haben oder magst du gerade jetzt gestreichelt werden? Eine schöne Musik hören oder das Vibrieren des Basses spüren?

Vielleicht drückt auch der Magen, und du versuchst, einen Pups oder mehr zu lassen, oder warmer Urin rinnt in die Windel?

Stell dir vor, so könnte unser Marvin sich erleben! So ergeht es ihm in seiner Welt. In einer anderen Welt – verschieden zu der deinen, der meinen. Jeder nimmt sein Leben anders wahr, jeder mit seinen eigenen Erfahrungen, Wünschen, Gedanken.

Wie wird Marvin sich erleben, uns, unseren Umgang mit ihm?

Nun darfst du deine Augen wieder öffnen, diese soeben selbst nachempfundenen Erlebnisse mit einbinden in deine Welt.

Könnte es sein, dass dein Körper aufatmet und die wiedergewonnenen Fähigkeiten intensiv zu genießen beginnt? Aber auch empfänglicher ist für die anderen verloren gegangenen Sinne, die alles andere als übersinnlich oder unsinnig sind!

Ich bin in einer großen und auch lauten Familie groß geworden. Eine ältere Schwester und ein jüngerer Bruder, meine Eltern und meine Großeltern im Haus sorgten für diesen Rahmen. Immer war etwas los bei uns und ruhig und beschaulich ging es nur selten zu. Bei uns wurde viel diskutiert, zwar nicht immer das Wichtigste besprochen, aber Gespräche gab es immer. Die besten Erinnerungen habe ich an unsere Familienurlaube, die wir immer mit mehreren Familien und vielen Kindern am Meer oder im Gebirge verbracht haben.

Nach der Schulzeit machte ich eine kaufmännische Ausbildung. Dass dies sozusagen nur die Startposition für mich war, war mir von Anfang an klar, denn ich wollte noch studieren und im Bereich Marketing/Kommunikation arbeiten. In dieser Zeit habe ich mit 19 auch meinen zukünftigen Mann kennengelernt. Und wir haben diese Zeit zu zweit sehr genossen und auch ausgenutzt; wir haben viel unternommen zu zweit oder mit Freunden und sind oft verreist.

Nach meiner Lehre habe ich mit einem Studium im Bereich Marketing/Kommunikation angefangen. Mit dem Studienplatz hat es auch gleich geklappt, und G., der eigentlich Lithograf gelernt hatte, hat sich auch direkt miteingeschrieben. Wir sind dann zusammengezogen und haben das Studium auch gemeinsam beendet. Viele gemeinsame Freunde haben wir in dieser Zeit kennengelernt. Tagsüber habe ich als Praktikantin in einer PR-Agentur gearbeitet, abends haben wir zusammen studiert und sind nach der Schule mit Freunden noch ausgegangen. Obwohl es oft auch anstrengend war und nicht einfach, war diese Zeit irgendwie die unbeschwerteste. Und wir haben auch immer mal wieder gesagt, wenn wir danach noch zusammen sind, dann kann uns so schnell nichts aus der Bahn werfen.

Nach sechs gemeinsamen Jahren haben wir mit 26 und 30 Jahren geheiratet und angefangen, ein kleines Haus, das im Familienbesitz ist, zu renovieren. Und fast genau neun Monate nach unserem Einzug kam 1994 unser Sohn Oliver zur Welt. Ich hatte inzwischen als PR-Assistentin gearbeitet, war im Erziehungsurlaub und habe aber immer wieder projektbezogen über kürzere Zeiträume dort gearbeitet und nebenbei angefangen, Kunden selbstständig zu betreuen. G. hat sich eine kleine

Agentur aufgebaut, die sehr erfolgreich ihren Kunden eine Komplettbetreuung anbietet. Unsere Vorstellung von einer Familie war sehr ähnlich: Wir wollten beide mehrere Kinder, am liebsten drei. So kam 1997 Katharina zur Welt und im Jahr 2000 Victoria.

Dass Katharina anders war als ihr Bruder, haben wir schon direkt nach dem Krankenhaus gemerkt. Katharina reagierte nicht auf uns, war total verspannt, auch beim Stillen, und schien in einer anderen Welt zu leben. Gegen ihre Verkrampfung bekam sie mit neun Wochen das erste Mal Krankengymnastik. Aber auch mit zunehmendem Alter wurde ihr Interesse an der Umwelt nicht besser.

Unsere Ängste wurden damals von unserem nächsten Umfeld nicht für voll genommen, und wir bekamen das Gefühl vermittelt, wir sind superängstlich und sehen Dinge, die gar nicht der Wirklichkeit entsprechen. Unsere Kinderärztin war dann auch die erste, die uns zustimmte, dass mit Katharina etwas nicht in Ordnung sei. So kam es, dass sie mit drei Monaten in der Deutschen Klinik für Diagnostik vorgestellt wurde, um herauszufinden, was sie eigentlich hat. Die nächsten acht Monate sind wir von Arzttermin zu Arzttermin gelaufen, bis wir die Diagnose kurz vor Katharinas erstem Geburtstag hatten: Katharina hat das Angelman Syndrom. Am 15. Chromosom fehlt ein winziges Stück, und dies bedeutet konkret: eine schwere geistige Behinderung sowie keine aktive Entwicklung von Sprache. Viele andere Faktoren wie die Ungewissheit, ob Katharina laufen lernen wird oder wie sich die Epilepsie entwickeln wird, die bei rund 80% aller betroffenen Kindern auftritt, kommen noch hinzu.

Seit dem Tag der Diagnose hat sich unendlich viel getan: Katharina ist mit drei Jahren in einen integrativen Kindergarten gekommen, in dem sie sich sehr wohlfühlt und in dem sie gefördert wird. Aber alles dauert auch unheimlich langsam und geht nur in ganz kleinen Schritten. Katharina kann inzwischen mit fast sechs Jahren sehr schnell krabbeln, sie läuft ganz gut geführt an den Händen, kann Treppen hinunter- und hinaufklettern und sich überall hochziehen. Ihre Stimmung kann sie durch Körpersprache und Laute sehr gut zeigen. Trotzdem sind wir oft hilflos und wissen nicht genau, warum sie jetzt weint oder unzufrieden ist.

Bei Katharina hat sich auch eine Epilepsie entwickelt, die aber seit über drei Jahren so gut mit Medikamenten eingestellt ist, dass sie keine Krampfanfälle mehr bekommt.

Im Moment suchen wir für Katharina eine Schule, in die sie ab Sommer gehen soll. So etwas Einfaches ist so schwierig und zeitaufwändig, dass wir oft am verzweifeln sind. Unser großer Wunsch ist, dass Katharina ihren Spaß am Leben, den sie spürbar für alle hat, behält, und wir für sie eine Schule finden, in der sie gefördert und gefordert wird.

Auch durch die Geburt unserer zweiten Tochter Victoria, die das Gleichgewicht wieder ein bisschen hergestellt hat, sehen wir uns als Ganzes, das zwar nicht ganz rund ist, aber dafür sehr speziell.

Wenn ich Paula beschreiben soll, fallen mir als erstes ihre Fröhlichkeit ein und ihre blauen Augen und ihre große Gabe, den Augenblick zu genießen.

Als wir uns den Namen für unser zweites Kind überlegt haben, war mein Mann bei einem Mädchen von Anfang an für Paula. Nach anfänglichem Zögern war ich auch dafür und glaube, es hätte keinen besseren Namen für sie gegeben. »Paula« war für uns jemand, die weiß, was sie will, die selbstbewusst ist, die ihren Weg geht. Die vielleicht ein bisschen anders ist als andere. Paula bedeutet aber auch »Kleine« und hat auch Seiten, die beschützt werden müssen, um die man sich kümmern muss. Der zweite Name für unsere erste Tochter war auch klar: es sollte Katharina sein, nach meiner Großmutter. Die als 93-jährige Oma heute unser Familienoberhaupt ist, die zu Kriegszeiten den Bauernhof allein bewirtschaftet hat, die immer was zu tun hat, sich noch selbst kocht, obwohl sie nur noch sehr wenig sieht, und die mit 90 Jahren noch aktiv bei der Apfelernte dabei war. Die nie jammert und eine klare Vorstellung davon hat, was sie erledigen will.

Paula hat auch noch einen dritten Namen bekommen, der ein bisschen außergewöhnlich ist, nämlich Bobby. Auch dieser Name hat eine Geschichte: Kurz vor Paulas Geburt konnte man für einige Zeit sehr gut nachts den Kometen Hale Bob bewundern. Ein seltenes Spektakel. Aus einer Laune heraus gaben wir Paula den dritten Namen Bobby und waren der Überzeugung, das sei ein super Künstlername, falls sie später mal einen gebrauchen sollte.

So gesehen hat unsere Kleine – das wird sie vielleicht auch immer ein bisschen bleiben – den optimalen Namen: Paula Katharina Bobby.

Paula ist eindeutig der Mensch in unserer gesamten Familie, der am meisten geküsst, gedrückt und beschmust wird. Sie ist unser einziges Kind, das morgens lacht, wenn man zur ihr ans Bett kommt. Sie zeigt sofort und ohne Berechnung ihre Liebe und ihre Freude. Sie ist nicht nachtragend. Sie macht sich keine Gedanken darüber, wie man aussieht. Sie nimmt einen so an, wie man ist.

Paula ist sehr anstrengend. Sie ist fordernd und willensstark. Sie kennt keine Gefahren. Sie kann keine Aufträge ausführen. Sie kann sich schlecht konzentrieren. Sie ist neugierig. Sie kann schlecht warten.

Paula kann nur kurze Strecken alleine laufen und eigentlich auch nur dann, wenn sie einen Sinn darin sieht. Sie macht gerade Toilettentraining, trägt aber noch eine Windel. Sie kann nicht sprechen und keine Gebärdensprache. Sie kann sich nicht alleine anziehen und waschen. Sie kann nicht alleine essen. Paula nimmt noch ganz viele Sachen in den Mund und speichelt.

Es macht mich krank, wenn von Paula nur diese Seite des Nicht-Könnens gesehen wird, das Anderssein, das Behindertsein.

Wenn ich im Urlaub mit ihr ins Meer gehe, sie sich kaputt lacht, wenn die Wellen kommen und sie am liebsten gar nicht mehr raus will, dann möchte ich allen, die uns mitleidsvoll anschauen, ins Gesicht schreien: Seht ihr nicht, wie sich dieses Kind freuen kann und wie glücklich sie in diesem Moment ist!

Es ist wunderbar, was Paula für Fortschritte gemacht hat, aber wir alle brauchen sehr viel Geduld. Vieles dauert einfach ganz lange und geht nur in winzig kleinen Schritten.

Sich vorzustellen, wie Paula als Jugendliche oder junge Frau sein wird, macht mir auch Angst. Wie viel Kraft sie dann haben wird, wie schwierig vieles sein wird. Es tröstet mich sehr, dass es Menschen gibt, die Paula sehr gern haben, die uns begleiten und die einfach an unserem Leben teilhaben. Ich bin sicher, Paula ist nicht ohne Grund unser Kind.

Wenn Paula im Auto einen Lachanfall bekommt und wir keinen Grund dafür erkennen, stellen wir uns vor, sie hat sich selbst einen Witz erzählt, den sie noch nicht kannte. Dann müssen wir einfach mitlachen. Wenn sie ganz versunken vor sich hinschaut, haben wir manchmal das Gefühl, dass sie Signale aus einer anderen Welt empfängt, die wir nicht sehen und hören können. Dann ist es genau richtig, dass ihr dritter Vorname vom Namen eines Kometen abgeleitet wurde und dass sie ein »Angelman«-Kind ist.

...dass wir Kinder wollten, war für uns schon immer klar; es war die Rede von drei – aber wann?

Aufgrund meiner langen Berufsausbildung an verschiedenen Orten, den großen Plänen meines Mannes Ludwig, ein altes Hofgut zu Wohnzwecken umzubauen, dem Traum, einmal größere Reisen durchführen und auch finanzieren zu können, und vielleicht auch unser hohes Sicherheitsbedürfnis haben jedenfalls dazugeführt, dass wir bereits 18 Jahre gemeinsam durchs Leben gingen, bis unsere Nina unterwegs war.

Im Laufe dieser langen Zeit haben wir uns immer wieder Gedanken darüber gemacht, was die für uns richtige Familienorganisation und der dazugehörige richtige Wohnort sei.

Ich konnte mir nie vorstellen, bei drei Kindern sehr lange nicht berufstätig zu sein, zumal ich so lange studiert hatte. Ludwigs Arbeitsplatz hätte außerdem auch unseren Wohnort bestimmt, und das ist auf dem platten Land eine äußerst schwierige Ausgangssituation für eine halbtags berufstätige Bauphysikerin. Ludwig hingegen hatte bis dahin bereits über 20 Jahre in die Rentenversicherung einbezahlt und große Lust, mal was anderes zu machen – hier kam ihm der Hausmann und Vater sehr gelegen. Außerdem ist es seiner gesundheitlichen Situation sehr zuträglich, mehr zu Hause sein zu können, falls seine chronische Darmkrankheit wieder zum Ausbruch kommen sollte. So hatten wir also vereinbart, wenn alles so einigermaßen klappt, werden wir bis zur Einschulung des ersten Kindes in Frankfurt bleiben, Mama geht voll arbeiten und Papa nimmt Erziehungsurlaub. Dann schauen wir mal, ob wir auf's Land ziehen in der Hoffnung, bis dahin vielleicht mehr zu Hause arbeiten zu können oder dass Ludwig wieder arbeiten geht oder, oder...

Als Nina dann im Sommer mit Down Syndrom geboren wurde, haben wir alle Überlegungen nochmals neu durchdacht: Wird man nicht von uns erwarten, dass nun doch die Mama zu Hause bleibt? Sind die Möglichkeiten der Förderungen und auch der Akzeptanz durch die Umgebung hier oder dort besser? Wie sieht die Hilfe unserer Familien aus (unsere beiden Familien leben auf dem Land)?

Letztlich haben wir uns entschieden, in Frankfurt zu bleiben, es sprachen viele Gründe dafür: Es wird für Nina und somit auch für die ganze

Familie leichter sein, in Frankfurt integrative Einrichtungen wie Kindergarten und Schule oder Freizeitmöglichkeiten und Freunde zu finden, in denen sie ein Kind von vielen ist, als auf dem Land. Und das wiederum macht es uns als Familie leichter, ein normales Leben zu führen.

Nina ist heute fünf Jahre alt, sie hat sich zu einem freundlichen, lebenslustigen Kindergartenkind entwickelt. Sie kann sich über Gebärdensprache recht gut verständlich machen, spricht aber noch kaum ein Wort. Ob das vielleicht mit ihren vielen Erkältungen und einem schwachen Hörvermögen zu tun hat, wissen wir momentan noch nicht.

Mit sehr viel Charme und Raffinesse wickelt Nina so manchen Erwachsenen um den Finger. Sie zeigt deutlich, was sie mag oder auch nicht, kann manchmal unheimlich stur sein und ist nie nachtragend. Sie liebt Ihre Bilderbücher, Spielplätze mit Rutschbahnen, Wurst am besten ohne Brot. Nina tanzt gerne, geht gerne baden und lacht viel.

Nina hat zwei jüngere Brüder: Felix ist drei Jahre, er führt mit uns heftige Diskussionen über »erlaubt« und »verboten«. Felix ist mit Nina seit ein paar Wochen im selben Kindergarten, für ihn existiert Ninas Behinderung noch nicht, allerdings ist er bereits das Sprachrohr seiner größeren Schwester. Marlon ist sechs Monate alt und hat die besten Chancen, das Feld von hinten aufzurollen – er gibt zurzeit den Ton an.

Im Vergleich zu der Schnelligkeit ihrer Brüder wird die Entwicklungsverzögerung von Nina jeden Tag deutlicher, auch die vielen Arzt- und Behördengänge sowie das ständige Sich-kümmern-Müssen lassen die Behinderung nicht verblassen. Und dennoch findet mit viel Freude ein weitgehend »normales« Familienleben statt.

In der Erziehung unserer Kinder sind wir bemüht, keine Unterschiede zu machen, obwohl eine Ungleichbehandlung manchmal einfach nicht zu vermeiden ist.

Nina – fünf Jahre – Down Syndrom

»Ninchen«, sagt der Kinderarzt zu Nina, seit er sie kennt, und das sind ja nun auch schon fast sechs Jahre. Das passt auch gut zu ihr. Nina ist ja schon immer etwas kleiner als ihre Altersgenossen und sieht mit ihren roten Haaren, die meistens zerzaust sind, auch sehr niedlich aus. Dazu kommen oft der verschmierte Mund und die laufende Nase, wie bei niedlichen Kleinkinder eben. Der Kinderarzt sieht Nina ziemlich oft in seiner Sprechstunde.

Felix brachte aus dem Kindergarten alle möglichen Schimpfwörter mit und probierte sie dann an Nina aus. Schimpfwörter der schlimmen Sorte, aber auch welche, die man eigentlich im normalen Sprachgebrauch überhört: »Du bist blöd! Hast Du eine Macke? Du tickst nicht richtig.« Mir gefallen diese Aussagen von Felix gegenüber seiner geistig behinderten Schwester nicht. Ich finde die Aussprüche im Allgemeinen nicht dramatisch, denke aber: Wenn ihre Brüder so etwas schon zu Nina sagen, wie greift das dann erst bei den anderen Kindern um sich? Felix und ich haben dann nach anderen Schimpfwörtern gesucht und sind bei Nudel, Schnecke oder Nuss hängen geblieben. So kommt es, dass Felix seine Schwester mit »Du bist eine Nuss!!« ausschimpft, wenn sie sich wieder ohne seine Erlaubnis auf den Traktor im Garten setzt, seine Apfelschorle austrinkt oder seine Schuhe versteckt, und manchmal wird Nina quer über den Spielplatz mit »Du alte Nudel« gerufen.

Zur Zeit kriegen sich die Beiden des Öfteren in die Haare. Für Felix ist dieses »Ich will Erster sein« seit dem Kindergarten eine sehr wichtig Sache, und Nina hat das mittlerweile übernommen; sie sagt sogar jetzt: »Ich ester.« An manchen Tagen kommt es morgens schon zum Streit, wer als Erster aufs Klo geht, wer als Erster am Türdrücker der Haustür ist und so weiter – manchmal zieht sich das durch den ganzen Tag, und wir stehen kopfschüttelnd dabei. Eine täglich anstrengende Sache, aber dennoch zeigt es uns, dass Nina sich behauptet, um ihren Platz in der Familie kämpft.

Ich nenne Nina in manchen Situationen »mein Schneckchen« (hessisch: »mei Schneckchje«). Das sind Situationen, in denen ich zwischen Schimpfen und Lachen schwanke. Zum Beispiel war Nina vor kurzem doch tatsächlich am Morgen als Erste fertig mit Waschen und Anziehen, ging schon mal runter zum Frühstücken, geschmiertes Quarkbrot und Milchschokki standen bereit. Bis ich mit Felix und Marlon ca. zehn Minuten später kam, hatte sie sich eine Schürze umgehängt, mindestens drei Backformen bereitgestellt, den Mixer, Mehl, Margarine und die Rührschüssel geholt und war dabei, das siebte Ei in eine weitere Schüssel zu schlagen – eine Riesensauerei auf dem Küchenboden und an der Kühlschranktür.

Was soll man da sagen? Ist doch klasse, was sie sich überlegt hat. Sie weiß, was zum Backen nötig ist – aber doch nicht sooo!! »Also, mei Schneckchje, so nicht!! Wir können heute Nachmittag zusammen einen Kuchen backen, Du musst aber auch davon essen.« Nina schaut mich völlig erstaunt an und sagt: »Nein – Fellee.« Es sollte ein Kuchen für Felix werden, der ein großer Kuchenesser ist. Nina hat noch nie Kuchen gemocht.

Wenn Nina partout nicht hören will, ruft Ludwig sie »Fräulein Nina«, das klappt dann schon manches Mal besser, aber auch nicht so richtig, denn Nina kann furchtbar stur sein. Wenn sie sich was in den Kopf setzt, ist sie nur schwer davon abzubringen. Da wir oft nicht wissen, was sie sich in den Kopf gesetzt hat, kommt es immer mal wieder zu Schwierigkeiten. Sie kann es ja nicht sagen. Und wir stehen ahnungslos daneben, versuchen, es rauszukriegen, versuchen, immer wieder die nötige Geduld aufzubringen. Doch manchmal hat man einfach keine Geduld, manchmal muss alles schnell gehen, und das kann Nina nicht umsetzen. Schnell kann sie sehr wohl sein, wenn es um etwas Besonderes geht, wie zum Beispiel um ein Eis oder um die Badewanne. Auch kann sie sich sehr schnell selber anziehen – wenn sie will! Sie will allerdings nicht unbedingt dann, wenn wir wollen, wie einmal mitten in der Nacht, sie wollte nicht im Bett bleiben, aber komplett angezogen mit Gummistiefeln in den Garten.

Ich bin gespannt, wie Marlon mal seine Schwester nennen wird. Momentan spricht Marlon ja noch nicht, aber die beiden können sich köstlich amüsieren, sie lachen aus vollem Herzen über fliegende Waschlappen aus der Badewanne, sie toben ohne Ende in den Bettdecken und freuen sich riesig auf die Zeit beim Opa mit den Schafen.

Nina nennt sich selbst nur »ich«; sie kann Nina in einem Wort nicht aussprechen. Sie buchstabiert aber ihren Namen mit Gebärden und ist dann völlig verstört, wenn ihr Gegenüber nichts damit anfangen kann.

Nina hat noch viele Namen, die alle etwas über sie aussagen: Sie ist die »Klettermaus«, die »faule Lene«, die »Wasserratte« (im Kindergarten setzt sie oft das Bad unter Wasser), die Oma sagt »meine Große«, Opa spricht von dem »Frankforder Määdchje«, sie ist die »Süße«, das »Schlitzohr« und unser »Downi«.

Unser Wunschkind ging verloren

Ich sage jetzt nicht: Wir sind eine ganz normale Familie und wollten nie etwas anderes sein. Natürlich sind wir keine normale Familie. Wir sind die Familie innerhalb unserer großen Familie, bei der vieles anders ist. Wir haben eine andere Geschichte.

Mein Mann und ich haben uns beim Sport kennengelernt vor fast achtzehn Jahren. Ich habe im sechsten Semester studiert. Mein Berufswunsch damals war, irgendetwas mit Literatur und Sprachen zu machen. Es kam dann aber ganz anders. Mein Mann ist inzwischen selbständig und hat eine kleine Firma mit vier Angestellten. Ich selbst bin seit nunmehr fünfzehn Jahren bei einer amerikanischen Firma im Bereich Controlling beschäftigt. Ich arbeite den ganzen Tag mit und an Zahlen, was ich mir früher niemals hätte vorstellen können. Es füllt mich aus und ist eine durchaus interessante Tätigkeit. Den Erhalt meiner Berufstätigkeit habe ich mir hart erkämpft, und ich kämpfe täglich aufs Neue darum.

Vor zehn Jahren haben wir geheiratet. Wir wollten auf jeden Fall Kinder haben, zwei oder drei. Bald schon war unser erstes Wunschkind unterwegs. Ich selbst habe vier Geschwister, von denen drei damals schon Kinder hatten, mein Mann hat drei Geschwister, und eine Schwester hatte auch bereits ein Kind. Insofern war unsere Erwartung und die der ganzen Familie, dass selbstverständlich alles genauso »normal« läuft wie bei allen anderen. Nicht auch nur im Entferntesten wären wir auf die Idee gekommen, mit unserem Kind könnte etwas »nicht stimmen«.

So war die Geburt unseres Sohnes mit Down Syndrom ein Ereignis, das die Familie in ihren Grundfesten erschüttert hat. Mein Mann ist bei der Diagnosestellung in Ohnmacht gefallen, ich selbst meinte zum Arzt, dass es sich hier um eine Verwechslung handeln müsse, und mein Vater wollte den Arzt sprechen, um den Irrtum zu klären. So etwas sei in unserer Familie schließlich noch nie vorgekommen. Und es kann nicht sein, was nicht sein darf.

Noch heute, nach all den Jahren, wenn ich an diese ersten Tage zurückdenke, läuft es mir eiskalt den Rücken herunter. Wir konnten es alle nicht begreifen. Die erste gemeinsame Nacht zu dritt zu Hause, die wir komplett durchweint haben, mit unserem kleinen Sohn abwechselnd auf unserem Bauch liegend und mit keiner Perspektive vor uns, unser Leben ein Trümmerfeld, das zumindest glaubten wir, war eine furchtbare Erfahrung. Der Schmerz über den Verlust unseres »Wunschkindes« war damals überwältigend groß. Wir konnten uns ein Morgen und Übermorgen überhaupt nicht mehr vorstellen. Die Zukunft schien zerbrochen.

Aufgefangen beim Aufprall hat uns unsere Familie, die, wenn auch selbst ratlos und schockiert, fest bei uns gestanden hat. Insbesondere haben mir meine Mutter und meine ältere Schwester mit ihrer liebevollen Zuwendung geholfen, diese erste Zeit zu überstehen.

Mein Mann war und ist großartig. Wenn es stimmt, dass Kinder sich ihre Eltern aussuchen, dann hat Julius sich seinen Papa ausgesucht. Er könnte es nicht besser getroffen haben. Er hat einen stolzen Vater. Er ist für Julius ein zuverlässiger, liebevoller und treuer Freund, engagierter Förderer und »Therapeut«, hat von uns beiden die besseren Nerven, wesentlich mehr Geduld als ich und beurteilt viele Situationen mit einer Gelassenheit, die ich bis heute oft nicht aufbringen kann.

So hat es sich bei uns eingespielt, dass ich für die Organisation und die lebenspraktischen Dinge zuständig war und bin, d. h. ich kümmerte mich um Therapien, den Kindergartenplatz, später um die »Schulfrage«, versuche, immer am Ball zu bleiben, was politisch derzeit in Fragen »Integration« machbar, gewollt oder verhindert werden muss, schloss mich Elterngruppen an und besuche Veranstaltungen zu unserem »Thema«. Ich bereite für Julius den Weg, und mein Mann geht diesen mit ihm. Die beiden sind so eng und liebevoll miteinander verbunden, wie es stärker nicht sein könnte.

Knapp zwei Jahre nach Julius' Geburt kam unsere Tochter Paula zur Welt. Es war für uns die Erfüllung eines Traums, ein unglaubliches Geschenk, ein Schatz, den ich dankbar hüte. Unsere Kinder sind inzwischen neun und sieben Jahre alt und haben eine liebevolle Geschwisterbeziehung entwickelt. Heute denke ich oft, wir hätten ein drittes Kind haben sollen, um uns und unseren beiden Kindern noch jemanden zur Seite zu stellen. In den ersten Jahren jedoch nach Paulas Geburt war unser Leben so anstrengend geworden, unsere Ehe sehr belastet, und ich hatte damals das Gefühl, ich würde eine weitere Schwangerschaft und ein drittes Kind nicht bewältigen können. Heute sehe ich, dass unser Leben zu viert sehr ausgeglichen und in der Balance ist.

Wir stammen beide aus einer klassischen Familienkonstellation: Mutter, Vater und zwei Kinder. Lutz hat eine ältere Schwester und ich, Antonia, habe einen jüngeren Bruder. Für uns als Paar war immer klar, dass wir das auch so möchten – mindestens zwei Kinder!

Nach dem Abitur war ich für ein Jahr in Amerika – Auslandsstudium. Danach habe ich in Frankfurt Sportwissenschaften studiert. Mit Beendigung des Studiums gab es einige Jobs beim Deutschen Sportbund und an der Johann-Wolfgang-Goethe Universität in Frankfurt zu erledigen, doch es gab vorerst keine Chance auf eine feste Stelle. Lutz' Arbeitsplatz als Informatiker schien gesichert.

Lutz war mein Gitarrenlehrer gewesen. Wir haben uns in der Gemeinde bei einem Kinderzeltlager kennengelernt. Die Arbeit mit Kindern und Jugendlichen war uns sehr wichtig und auch die Liebe zur Musik hat uns immer wieder verbunden. Irgendwann hat es dann gefunkt. Lutz ist zehn Jahre älter als ich, und es galt, sich die Chance dieser Beziehung wirklich gut zu überlegen. Lutz nahm seinen Bart ab, wirkte jünger, und alle gewöhnten sich daran. In einem stürmischen Urlaub haben wir in Miami Beach, Florida, USA, geheiratet. Nur wir – es war perfekt!

Ich hatte nur einen vorübergehenden Job. Wir besaßen noch keine gemeinsame Wohnung. Ich wollte noch eine Saison hochklassig Basketball spielen. Schwanger werden passt eben nie! So ließen wir es darauf ankommen.

Nach Blutungen und Krankenhausaufenthalt in der Frühschwangerschaft, viel Liegen bei Mami in der Küche und nach dem Umzug in die neue Wohnung im November kam Nora im Dezember 1997 acht Wochen zu früh auf diese Welt.

Nora war nicht nur zu früh, sondern auch zu klein und zu leicht für das Schwangerschaftsalter. Eine Anomalie der Plazenta ließ den durchgeführten Notkaiserschnitt für uns beide lebensbedrohlich werden. Nora wurde reanimiert, auf der Intensivstation gut versorgt und aufgepäppelt. Doch die ersten Diagnosen und Prognosen blieben sehr zurückhaltend. Ein durch Sauerstoffmangel hervorgerufener Hirnschaden stellte sich ein.

Nora hat eine infantile Cerebralparese. Sie ist das fröhlichste Kind, das wir kennen, und strahlt fast immer. Nora kann krabbeln und sagen, was sie möchte. In ihrer »Sprache« erzählt sie uns sehr viel. Es scheint, als ob sie alles verstehen könnte, doch sie befindet sich geistig etwa auf dem Stand einer Zweijährigen.

Noras Schwester Sofie ist vier Jahre jünger und kam ganz gesund zur Welt.

Be-hindert?! Nora ist inzwischen viereinhalb Jahre alt. Sie geht in einen integrativen Kindergarten und ist das glücklichste Kind, das wir kennen. Nora ist zufrieden mit den Dingen, die sie kann. Manchmal vielleicht sogar zu sehr zufrieden. Sie hat für ihre Verhältnisse und die Prognosen schon eine ganze Menge gelernt.

Nora kann nicht laufen, nicht stehen, weder Treppen steigen, noch sich alleine ankleiden; sie kann nicht frei sitzen und ihre rechte Hand nicht so benutzen wie andere Kinder.

Aber Nora kann krabbeln und im Zwischenfersensitz oder in Bauch- bzw. in Seitlage eine Spielposition einnehmen, die ihr Spaß macht. Nora ist ein rundum fröhliches Kind und strahlt fast immer.

Nur *wir* denken manchmal, wie schön es doch wäre, wenn Nora laufen könnte. Als »normaler«, nicht behinderter Mensch glaubt man ja immer, den anderen würde etwas fehlen. Das einzige, was man sich wünscht, ist *Normalität*. Nur so zu sein, wie es alle anderen auch sind. Auch ich hätte das gerne für meine Tochter.

Unser Wohnraum ist so eingerichtet, dass Nora überall hinkommt, wo sie hin möchte. Lutz hat extra eine kleine Brücke über die Terrassentürschwelle gebastelt, so dass Nora selbstständig entscheiden kann, ob sie im Wohnzimmer oder auf der Terrasse spielen möchte. Zu Hause und in unserer gewohnten Umgebung geht es uns gut. Sehr gut.

Hier kann man es sich gemütlich machen, sich einigeln gegen den Kontakt von außen. Zu Hause ist alles auf uns abgestimmt. Noras Tisch zum Malen, Noras angepasster Tripp-Trapp zum Essen, Bestecke umwickelt zur einfacheren Handhabung, alles ebenerdig, Spielzeug auf dem Fußboden und genug Freiraum zum Krabbeln, Bewegen und Toben; das Essen und Trinken als Picknick auf der Terrasse funktionieren prima auf dem extra ausgerollten Teppich. Hier fühlen wir uns wohl.

Doch es gibt immer wieder Situationen, in denen wir unsere »behütete Struktur« verlassen müssen bzw. manchmal kommen auch »Eindringlinge« zu uns. Dann kommt es zu Störungen, denn die »Fremden« wissen ja gar nicht, wie wir so leben, welche Nora-Regeln bei uns herrschen. Andererseits sehen wir natürlich draußen in der »echten« Welt, wie die von uns so heiß ersehnte Normalität aussieht. Das tut immer wieder weh. Mal ist es mehr, mal weniger schmerzhaft, je nachdem in welcher Phase man sich befindet. Beim Zusammenleben mit einem behinderten Kind durchläuft man die gleichen Stadien wie bei der Trauer über einen verstorbenen geliebten Menschen. Man fühlt zunächst Verleumdung und Aggression, später Ohnmacht, Depression und Trauer. Manchmal frage ich mich, wo wir uns gerade befinden. Oft fühle ich alles zusammen, bin verzweifelt oder nur unendlich traurig.

Werde ich irgendwann die Behinderung meines Kindes akzeptieren? Es gibt so wahnsinnig viele Beispiele im alltäglichen Leben, die einen immer wieder darauf stoßen, dass bei uns etwas anders ist. Kleine Dinge, die einen immer wieder sprachlos, traurig, nachdenklich stimmen und die den anderen Menschen nicht mal auffallen.

Nora ist zwei Jahre. Es ist Winter. Im Wartezimmer des Kinderarztes ziehe ich ihr den Skioverall an. Nora kann nicht laufen. Geduldig lässt sie die Prozedur im Liegen über sich ergehen. Gleich fahren wir wieder nach Hause. Unseren Behandlungstermin haben wir schon hinter uns gebracht. Die Mutter neben mir beobachtet unsere Handlungen. Dann meint sie, wie schön es doch sei, dass mein Kind beim Anziehen nicht davonlaufen würde. Ich sage nichts dazu und wünsche mir insgeheim, Nora würde weglaufen.

Noras Cousin ist vier Jahre älter als sie. Er ist nicht nur älter, sondern ihr auch körperlich total überlegen. Beim Besuch der Oma findet Nora meist ein Spielzeug, mit dem sie sich lange Zeit und sehr ausdauernd beschäftigen kann. Noras Cousin würde gerne etwas mit Nora spielen, aber sie ist für ihn ja noch wie ein kleines Baby, sie läuft und spricht nicht. Um auf sich aufmerksam zu machen, nimmt er ihr das Spielzeug weg. Er hält es weit hoch, über seinen Kopf. Nora dreht sich enttäuscht zu mir um. »Mama«, sagt sie und streckt ihre Hand nach oben, um zu signalisieren, dass sie ihr Spielzeug wieder haben möchte. Ich nehme es meinem Neffen aus der Hand, halte es weit über meinen Kopf – noch bin ich größer.

Ich koche innerlich und drohe überzulaufen, als ich auch noch von der Familie ermahnt werde, ihm doch nichts wegzunehmen. Er hätte es jetzt verstanden. Leider hat er gar nichts verstanden und kann die Behinderung seiner Cousine bis heute nicht einschätzen!

In der Psychomotorikgruppe gibt es nur Kinder mit Handicap. Ein Junge hatte einen ähnlichen Geburtsverlauf wie Nora: Hirnblutungen und das komplette Drumherum. Zunächst sind die zwei die einzigen nichtlaufenden Teilnehmer in der Sportgruppe. Einmal wöchentlich sehen wir uns in der Turnhalle. Nach einer Weile erlernt Noras Spielpartner jedoch auch das Laufen. Bei der sich anschließenden Trink- und Kekspause krabbeln und laufen die Kinder die vielen Stufen des Gebäudes hoch. Nur Nora bleibt bei mir, sie kann ja auch nicht anders.

Gerade die Mutter des erst vor kurzem mobil gewordenen Jungen ist es, die uns darauf aufmerksam macht, wie anstrengend es sei, immer dahin zu wollen, wo ihr Sohn hinwolle. Ich verhalte mich ganz ruhig und denke mir wieder still, dass ich Nora bis ans Ende der Welt nachlaufen würde über alle Treppenstufen und Hindernisse, wenn sie dorthin gehen wollte – und könnte!

Vor dem integrativem Kindergarten, den Nora besucht, gibt es einen Behindertenparkplatz. Nur Menschen mit einer »außergewöhnlichen Gehbehinderung« und dem Zeichen aG in dem Behindertenausweis bekommen eine Parkgenehmigung dafür. Oft genug stehen andere Eltern mit ihren Autos auf dem Parkplatz, die nur mal schnell ihr Kind abholen wollen. Ganz ohne Gehbehinderung – versteht sich. Manchmal finde ich keinen Platz oder muss einen Parkplatz weiter weg nehmen. Nora ist noch leicht, und ich kann sie noch tragen, doch es ärgert mich jedes Mal. Wenn mein nicht behindertes Kind eines Tages diesen Kindergarten besuchen wird, werde ich immer vorschriftsmäßig einen Parkplatz suchen und mich freuen, dass wir ein paar Schritte zum Eingang laufen können. Ich werde das Laufen mit diesem Kind bewusst genießen!

Ich wohne in einem Stadtteil, in dem wir früher immer eine ganz große Clique von Kindern waren. Schon als Kindergartenkinder haben wir uns gegenseitig besucht, und das wurde in der Schulzeit fortgeführt. Gegenseitige Einladungen und Verabredungen standen auf der Tagesordnung. Ich musste nur meinen Eltern Bescheid sagen und schon ging es los.

Nora hat es leider nicht so einfach. Den Kindergarten besucht sie mit dem Bus. Nachmittagseinladungen sind rar und wenn dann oft nur mit mir als Mutter zusammen – was nicht schlimm ist, denn ich bin ja sowieso schon der Fahrer.

Auch in unserem Stadtteil ist das so. Einige meiner früheren Freundinnen haben Kinder in ganz ähnlichem Alter. Selbst wenn die Söhne oder Töchter nicht in derselben Schule oder demselben Kindergarten sind, so gibt es nachmittags Treffen. Dann nimmt man mal eben das andere Kind mit, einfach so, weil man sich das gerade für seinen Sohn so wünscht, weil es gut passt oder die andere Mutter etwas ganz Spezielles vorhat. Nora ist nie dabei. Treffen gibt es immer nur zusammen mit mir, und so gehen meine freien Nachmittage immer zu Lasten meiner Mutter oder Schwiegermutter, die dafür extra angefordert werden.

Kapitel 3

Diagnosen

Der Weg bis zur Diagnose

Bei uns gab es einen Tag der Diagnose, kurz vor Katharinas erstem Geburtstag, aber bis dahin gab es viele »kleine« Diagnosen, die auch alle sehr schmerzhaft waren. Schon im Krankenhaus hatte ich manchmal ein komisches Gefühl, wenn ich Katharina anschaute. Sie war so anders als ihr Bruder, und ich dachte insgeheim, wenn sie etwas hätte, würde das doch hier keiner bemerken.

Zu Hause wurde dieser Gedanke, dass etwas mit ihr nicht stimmen könnte, immer stärker. Sie war immer verkrampft, ballte ihre Händchen zu Fäusten und schaute immer in eine Richtung beim Wickeln. Auch beim Stillen, das am Anfang eher mühevoll war, konnte sie sich nicht entspannen. Wir hatten schon bald das Gefühl, dass es ihr egal war, ob sie auf unserem Arm, in ihrem Bettchen oder auf der Krabbeldecke lag. Schon kurz nach Katharinas Geburt hatten mein Mann und ich darüber gesprochen, dass mit ihr etwas sein musste, weil sie so anders war. Und ab diesem Moment wurde es Wirklichkeit. Ich konnte das einfach nicht mehr als flüchtigen, dummen Gedanken wegschieben und mir einreden, dass einfach jedes Kind anders ist.

Unsere Hebamme kam am Anfang oft vorbei, weil Katharina so wund war. Sie schaute sich das Kind immer lange an, und wir sprachen auch darüber, dass sie so besonders sei. Ein erster Arztcheck wurde ausgemacht, und Katharina bekam mit neun Wochen Krankengymnastik, damit sich ihre Verkrampfungen lösen. Aber es tat sich nichts. Auch die Therapeutin hatte noch nie ein solches Kind wie Katharina gesehen, und wir überlegten oft, was wohl ihr Geheimnis sei.

Kurz darauf stellten wir uns wieder bei unserer Kinderärztin vor, und mit diesem Besuch wurde es zur endgültigen Gewissheit, dass mit Katharina etwas nicht stimmte – drei Monate war sie da alt. Die nicht altersgemäße Entwicklung wurde von der Ärztin bestätigt, eine Blutentnahme sofort veranlasst und Termine beim Augen- und Ohrenarzt koordiniert. Nach diesem Arztbesuch gab es die ersten wirklichen Risse in der Vorstellung von unserer kleinen heilen Familienwelt. Ich hatte Angst, Angst vor dem, was gefunden wird, aber natürlich auch gleichzeitig die Hoffnung, dass sich alles auflöst, dass Katharina vielleicht nur schlecht hört oder ein Geburtstrauma nach dem Notkaiserschnitt hat.

Die ersten Untersuchungen verliefen ohne Befund, und es wurde ein Termin bei einem Kinderneurologen in einer großen Klinik ausgemacht. In dieser Zeit fühlte ich mich oft so leer und so hilflos. Warum wir? Was hat sie überhaupt? Merkt denn keiner, was wir uns für Sorgen machen?

Schon während der ersten Vorstellung sagte uns der Neurologe, dass Katharina etwas habe. Dass sie sich nicht normal entwickle und dass eine ganze Reihe von Untersuchungen nötig seien, um dies herauszubekommen. Es war wie ein Schlag für uns. In der Woche von dieser Aussage bis zu den ersten großen Untersuchungen ging es mir sehr schlecht. Ich war so schrecklich traurig. Oliver, gerade drei Jahre geworden, hat abends beim Abendessen gesagt: »Papa, die Mama ist immer traurig wegen der Katharina!« Genau so war es auch!

Dann begannen die Untersuchungen, die sich mehrere Monate hinzogen und von denen keine die Erklärung für Katharinas verzögerte Entwicklung geben konnte. Wir waren seltsam hin- und hergerissen. Auf der einen Seite waren wir über alles froh, was nicht gefunden wurde. Auf der anderen Seite wollten wir endlich wissen, was Katharina hat, denn die Schere zu Gleichaltrigen wurde immer größer.

Als Katharina mit zehn Monaten die ersten epileptischen Anfälle hatte, hat sich die Suche noch verschärft. Mit so etwas hatten wir nie und nimmer gerechnet, und weitere Untersuchungen und ein Krankenhausaufenthalt folgten. Die ganze Zeit dachten wir eigentlich, es kann doch nicht noch schlimmer werden. Unser Wunsch, endlich herauszubekommen, was sie hat, wurde immer stärker. In dieser Zeit wurde Katharina Blut entnommen, um gezielt eine Untersuchung des 15. Chromosoms auf das Angelman Syndrom durchzuführen. Unser Neurologe hatte diesen Verdacht geäußert. Ich wollte gar nicht wissen, was das für uns bedeutet, falls es sich bestätigen sollte. Ich hatte schon einmal nach einer vermuteten Krankheit recherchiert und nur schreckliche Krankheitsverläufe gefunden und wollte jetzt abwarten, ob es das überhaupt ist.

Dann kam mittags der Anruf von unserem Arzt, der mir sagte, dass das Ergebnis der Blutuntersuchung vorliege und dass Katharina das Angelman Syndrom habe. Ich weiß noch, dass ich nachfragte, was das denn jetzt für uns bedeute. Er wollte am Telefon nicht so recht heraus mit der Sprache, hat mit uns sofort für den nächsten Tag einen Gesprächstermin ausgemacht und auf mein Nachfragen sagte er mir, dass es sich um einen genetischen Defekt handele und Katharina damit eine Behinderung habe, die nicht mit Tabletten zu behandeln sei. Ich nahm alles wie durch einen Nebel war. Der einzige, dem ich sofort Bescheid sagen konnte, wollte, musste, war G., und ich weiß gar nicht genau, ob er mich richtig verstanden hat.

Am Abend hatten wir einen Termin mit unserem Steuerberater mit dem endlich ungeklärte Steuerdinge besprochen werden sollten. Typisch für uns, dass wir diesen Termin nicht abgesagten, sondern brav über Belege und Werbungskosten gesprochen haben. Die ganze Zeit haben G. und ich uns dabei nicht in die Augen gesehen – ich glaube, ich wäre sonst komplett ausgeflippt. Danach war dann endlich die Zeit für uns – als die Kinder im Bett waren –, gemeinsam traurig zu sein. Ich weiß auch noch, dass das G., für den sicherlich genauso viel zusammengebrochen ist wie für mich, gar nicht wollte. Aber wenn wir nicht an diesem Abend traurig sein konnten, wann dann?

Im Nachhinein hat sich genau das als großes Problem für unsere Partnerschaft im Zusammenhang mit Katharina gezeigt: Mein Mann will nicht traurig sein, obwohl er es sicher ist, und ich brauche genau dieses Gefühl, dass es dem anderen ähnlich geht und man sich gegenseitig tröstet.

Auch später, als wir die Nachricht unseren Familien erzählten, hat jeder seine Trauer und seinen Schock nach Hause mitgenommen und im stillen Kämmerlein mit sich ausgemacht. Wie viel besser wäre es für uns alle gewesen, wir hätten mal ordentlich zusammen geheult!

An diesem Abend hatten wir uns noch überlegt, was für uns das Schlimmste wäre, was uns der Arzt am nächsten Tag im Zusammenhang mit dem Syndrom erzählen könnte. Am Allerschlimmsten waren für uns die Vorstellungen, dass Katharina nicht sprechen lernt, nicht laufen lernt und die Lebenserwartung nur kurz wäre.

Am nächsten Morgen bin ich dann ganz früh aufgewacht und wusste nur noch, dass etwas Schreckliches passiert ist. Bis es mir eingefallen ist – und ich habe mich gefühlt, als sei jemand mir Nahestehendes gestorben. Drei Monate zuvor war mein Vater an Krebs verstorben, und genau dieses Gefühl, das ich damals nach seinem Tod hatte, hatte ich jetzt wieder.

Mittags haben wir uns mit Katharina dann auf den Weg zum Arzt gemacht. Auch jetzt kam nur sehr wenig Halt aus meiner Familie. Wahrscheinlich wusste keiner, was er uns wünschen sollte bei diesem Arztbesuch und wie man uns verabschieden sollte. Ich wusste es ja selbst nicht.

Unser Neurologe nahm sich viel Zeit für uns, und wir waren auch relativ gefasst. Denn eins war uns beiden klar: Diese Diagnose ändert ja nichts an unserer Katharina, die uns mit ihren himmelblauen Augen und ihrem glucksenden Lachen verzaubert. Und dann bekamen wir die Informationen, auf die wir fast ein Jahr gewartet haben – eine Erklärung zum Angelman Syndrom, die genetische Ursache und den zu erwartenden Entwicklungsverlauf. Tatsächlich gehört das »Nicht-sprechen-Lernen« zu den Besonderheiten des Angelman Syndroms. Viele Kinder mit Angelman Syndrom können aber das Laufen erlernen, und die Altersentwicklung ist völlig normal.

Wieder zu Hause haben wir meine Mutter und meine Schwester informiert, die beide ziemlich durcheinander und geschockt waren. Schon am nächsten Tag haben wir Kontakt mit dem Selbsthilfeverein aufgenommen, um mehr über diese Behinderung zu erfahren. Freunde haben uns dabei auch mit Infos aus dem Internet sehr geholfen.

Direkt nach der Diagnose gab es also zwei Seiten: Die eine war, möglichst viel zu erfahren über das, was unsere Tochter hat, und wie die zu erwartende Entwicklung aussieht. Auf der anderen Seite wollten wir unseren Familien, den Freunden und dem Umfeld, das uns die ganzen Monate der Suche zur Seite gestanden hat, davon erzählen. Begleitet wurde alles von der eigenen Trauer, von der endgültig verlorenen Vorstellung, die wir einmal von unserer eigenen Familie hatten.

In der ersten Zeit bin ich jedes Mal in Tränen ausgebrochen, wenn ich von Katharinas diagnostizierter Behinderung erzählt habe. Das hat sich inzwischen verändert. Es ist eher so, dass ich meine unwissenden Gesprächspartner genau beobachte, wenn ich von meiner behinderten Tochter erzähle. Können sie damit fertig werden und was sagen sie? Wird nachgefragt, wird schnell das Thema gewechselt, bekomme ich Ratschläge oder sind sie interessiert? Nicht selten wird mir dann von Schicksalsschlägen erzählt, die man eben nicht auf den ersten Blick sieht. Aber das ist eigentlich schon wieder eine neue Geschichte.

Mein Studium ist beendet. Ich habe mein Examen im Fach Sportwissenschaft mit den Nebenfächern Sportmedizin und Psychologie als Magister Artium erfolgreich hinter mich gebracht. Und jetzt? Soll ich gleich noch meine Promotionsarbeit dranhängen? Ich hätte gleich meine Magisterarbeit als Promotionsarbeit schreiben sollen, meint mein zuständiger Betreuer. Naja, zu spät. Es bleibt ein Job als wissenschaftliche Hilfskraft an der Uni: »Einführung in das wissenschaftliche Arbeiten«, »Sportpsychologisches Praktikum« und ein paar Basketballkurse darf ich unterrichten. Außerdem arbeite ich beim Deutschen Sportbund als Schwangerschaftsvertretung mit. Nach einem Vorstellungsgespräch beim Olympiastützpunkt Frankfurt darf ich mich auch dort auf einen neuen Job freuen. Ich wurde tatsächlich genommen. Aber: alles keine festen Anstellungen. Also überlegen wir, ob der Zeitpunkt für ein Kind nicht ein guter wäre. Wann ist denn schon das passende Timing? Ein Kind passt schließlich nie wirklich in den Zeitplan, oder? Es klappt. Wir freuen uns.

Doch das Ganze startet nicht komplikationslos. Blutungen zu Beginn. Ich bin eben Leistungssportlerin, da kann das schon mal vorkommen, so erklärt man mir den Sachverhalt. Blutungen mit stationärem Aufenthalt in der achten Woche. Nichts Unübliches denke ich. Viele haben Blutungen und bei vielen, die ich kenne, war das dann ein Abbruch, eine Fehlgeburt. Oder kann man im zarten Alter von acht Wochen des Fötus noch nicht von Fehlgeburt sprechen? Ich bin 26 Jahre. Wäre es doch einfach »nur« eine Fehlgeburt gewesen, wünschte ich heute. Das kleine sichtbare Gummibärchen auf dem Ultraschall mit dem klopfenden Herz wäre einfach weggeblutet. Klar, wir wären traurig gewesen, aber ich glaube, zumindest mit dem Wissen von heute, es wäre kein Weltuntergang geworden. Ich war noch so jung. Jung genug, um es erneut versuchen zu können. Es würde schon noch mal klappen. Doch nichts dergleichen. Es ist kein Abort. Nora lebt fröhlich weiter vor sich hin. Alles in Ordnung sagen die Ärzte, doch ich muss liegen. Ich dachte immer, Schwanger-Sein sei keine Krankheit. Ich liege, ich bin brav. Alles in Ordnung, sagen die Ärzte, weiterhin.

Dann kommt Nora auf die Welt: nach vorzeitigen Wehen, nach einem viel zu frühen Blasensprung und mit einem Mutterkuchen, der das Kind nicht ordentlich versorgt hatte. Nora, zu klein, zu früh. Notsectio. Kein guter Start ins Leben. Mir geht es schlecht. Wir haben beide viel Blut verloren. Eine Anomalie der Plazenta, sagt man uns, den Eltern.

Die ersten Gespräche mit Ärzten bekommt nur Lutz mit. Ich bin zu schwach und kann das Bett noch nicht verlassen. Lutz filtert behutsam alles, was er mir erzählt. Er ist sehr fürsorglich mit mir.

Doch auch die gefilterten Informationen sprechen für sich. Das Kind reagiere nicht auf Licht. Sie ist blind, denken wir. Als schnelle Lösung im Kopf fällt mir gleich ein, dass es eine Blindenschrift gibt – ich glaube, damit könnten wir leben. Nur nicht sehen können. Doch es geht weiter. Man wisse nicht, ob Nora die ersten Tage überlebe. Wie sehr habe ich mir gewünscht, sie würde es nicht tun. Schwangerschaft, ein Hochgefühl. Das war schon bei uns nicht so. Und jetzt? Wuchtige, proppere Kerlchen überall um uns rum. Ich habe mein Kind noch nicht einmal gesehen. Nur ein Polaroid-Foto steht neben meinem Bett und verheißt nichts Gutes.

Nach drei Tagen mache ich mich auf den ersten Weg zur Intensivstation. Nora ist ein Winzling: 1.400 Gramm. Das sind gerade mal anderthalb Pakete Mehl. Mit diesem Gewicht gehört sie eindeutig nicht zu den Kleinsten. Doch sie wirkt trotzdem klein und zerbrechlich. Man getraut sich kaum, sie anzufassen. Ihre Spieluhr, der Frosch, ist fast doppelt so groß wie sie. Warm ist es hier auf der Intensivstation. Die Schmerzen meiner Kaiserschnittnarbe sind noch deutlich spürbar. Ihr Anblick. Ich glaube, ich kollabiere. Weinend breche ich neben dem Inkubator zusammen.

Da ist es. Unser Kind. Unser erstgeborenes Mädchen. Ich kann es nicht freudig in den Arm nehmen und liebkosen. Vor dem Polaroid-Foto sitze ich beim Milchabpumpen wie eine Kuh an der Melkmaschine. Ich weine, doch die Milch ist das einzige, was ich ihr zunächst geben kann. Es ist das Einzige, was ich für sie tun kann.

Unser Kind wird behindert sein. Geistig, motorisch. In welchem Ausmaß ist noch nicht bekannt. »Ach, das hat ihnen noch keiner mitgeteilt?« Ein anteilnehmendes aufklärendes Eltern-Arzt-Gespräch gab es leider nie. Der leitende Professor, der zu einem Gespräch aufgefordert wird, verharmlost die Sachlage vollends: Alles sei doch nur eine morphologische Veränderung, und man müsse eben sehen, wie es werde. Kinder sitzen und laufen nun mal nicht immer zu den vorgegebenen Zeitpunkten. Danke, das Gespräch hat uns nichts gebracht.

Beim Ultraschall des Hirns zeigt mir der behandelnde Arzt die weißen Stellen. »Ganz klar: ein Hirnschaden. Ihre Tochter wird geistig und motorisch schwerbehindert sein, ein Pflegefall. Die schwerste Form liegt im motorischen Bereich, soweit ich das sehen kann.« Ich breche weinend zusammen. Der Arzt wundert sich nur über meine Reaktion. Es gibt keine Aufklärung. Es folgt kein tröstendes Wort. Eine nette Kinderkrankenschwester legt zärtlich eine Hand auf meine Schulter.

Ein anderer Arzt findet beim Ultraschall die rechte Niere nicht. Inzwischen sind wir einiges gewöhnt. Man könne ja auch mit einer Niere leben, geben wir zur Antwort. Da erst schaut der Arzt auf, entschuldigt sich und verspricht uns, sie noch mal zu suchen. Das war ja nur ein harmloser Zwischenfall.

Einige Ärzte, so lernen wir, haben kein Mitgefühl. Wir fühlen uns gekränkt. Schließlich sind wir die Eltern dieses kleinen Wesens, das da vor den Ärzten liegt. Doch es macht eher den Eindruck, als sei es ein zu untersuchendes Ding, das von links nach rechts geschoben wird. Uns gehört es noch lange nicht.

Nora ist auf der Welt. Ganz anders als wir uns das vorgestellt haben. Aber sie ist da. Sie hat gekämpft und sie lebt. Ob ich das für gut befinden soll? Einige Jahre bin ich mir da sehr unschlüssig. Was wäre gewesen, wenn...

Heute ist Nora das fröhlichste Kind, das ich kenne. Ich kann und möchte sie nie mehr aus meinem Leben streichen.

Kapitel 4

Frühförderung

Wer hilft mir weiter – Lebenshilfe

Nora ist im Dezember geboren. Ein Schock, der immer noch tief sitzt. Sie hatte einen schwierigen Start ins Leben. Wie wird es weitergehen? Gerade wurde Nora von der Intensiv- auf die Frühchenstation verlegt. Gespräche mit Ärzten finden statt. Alles ist nicht sehr aussagekräftig. Vielleicht verstehe auch nur ich das nicht. Ein Wust in meinem Kopf. Ich komme mir vor, als ob ich in meinem Leben bisher noch nie etwas Gescheites gelernt habe. Medizinisches Wissen bräuchte ich, um all das zu verstehen, was mir so an den Kopf geworfen wird. Ich bin hoffnungslos überfordert. Ich kann gar nicht mehr klar denken. Ich versuche, mir neues Wissen anzueignen. Aber wo soll ich suchen, wo soll ich anfangen?

Ich nehme alles, was ich so kriegen kann. Ärztezeitschriften, Frauenjournale, Berichte über Frühchen, Zeitungsartikel über Behinderte, obwohl ich das alles noch nicht wahrhaben kann. Und dann am 13. 1. 1998 ein Bericht in der *Frankfurter Rundschau*: »Bei der Sorge ums Kind muss guter Rat nicht teuer sein.« Das ist es. Ausgeschnitten liegt er nun auf meinem Tisch. Ich war nicht mutig genug, dort sofort anzurufen. Habe ich überhaupt ein Problem? Bin ich die Zielgruppe, an die sich die Experten der Lebenshilfe dort wenden? Ich weiß doch gar nichts. Ich weiß noch gar nicht, wie es werden wird. Nora ist noch nicht mal zu Hause. Wieder und wieder lese ich den Bericht.

Gestern erst habe ich nun angerufen. Herr F. war dran. Total nett und verständnisvoll. Er wusste gleich Bescheid, und ich musste überhaupt nicht viel erklären. Nach der nächsten Teamsitzung wollen sie mir jemanden vorbeischicken. Ich bin sehr gespannt.

Nach dem Anruf bei der Lebenshilfe hat sich doch tatsächlich recht bald jemand bei uns gemeldet. Frau H. heißt sie. Sie ist Heilpädagogin. Allein wenn man Frau H. die Hand zur Begrüßung gedrückt hat, weiß man, was Heilpädagogin bedeutet. Frau H. hält die Hand immer einen Tick länger als normal, schaut einem inniger in die Augen und versucht, einem ein gutes Gefühl zu geben und gleichzeitig immer ein bisschen auszuleuchten, wie es einem geht.

Es ist nicht unangenehm, aber es geht einem nahe, außergewöhnlich nahe. Das passiert mit anderen Menschen normalerweise nicht so oft. Aber seit Noras Geburt ist ja nichts mehr normal.

Nora liegt noch auf der Frühchenstation, und Frau H. ist schon bei mir gewesen zu einem Elterngespräch. Das nenne ich früh. Ich habe mein Kind noch nicht mal zu Hause!

Frau H. sitzt mit mir zusammen auf dem Sofa. Sie erklärt mir, wie das alles so funktioniert. Gebannt hänge ich an ihren Lippen. Es ist sehr interessant. Sie soll mich bitte bloß nicht fragen, wie es mir geht. Es wäre mir jetzt sehr unangenehm, vor dieser gestandenen Frau in Tränen auszubrechen.

Auch heute kann ich mich noch an dieses Gespräch von damals erinnern. Als ob sie meine inneren Bedenken gehört hätte, fragt sie mich, ob ich vielleicht lieber eine jüngere Kollegin an ihrer Stelle hätte. Nein, nein, räume ich ganz schnell ein. Auch nach ein paar Minuten Überlegung denke ich noch so. Frau H. gefällt mir, und sie macht einen sehr erfahrenen Eindruck.

Das ist nun schon viele Jahre her. Frau H. ist ein fester Bestandteil unserer Familie geworden.

Frühförderung ist die schönste Stunde der Woche für Nora. Eine Exklusivstunde nur für sie allein. »Mama, weggehen. Tür zumachen«, fordert sie von mir, und ich gehorche, übergebe sie ganz alleine der Fürsorge und dem hingebungsvollen Spiel von Frau H.

Toll, dass es so etwas gibt. Eigentlich sollten alle Kinder in diesen Genuss kommen.

Wie war das mit dem Erstkontakt mit der Frühförderung? Etwa sechs Wochen nach der Geburt von Julius habe ich die ersten Fühler aus dem Schneckenhaus herausgestreckt. In diesen ersten Wochen hatten wir uns gänzlich auf unsere vier Wände reduziert und gestatteten maximal dem engsten Familienkreis (Großeltern und Geschwistern), diese zu durchbrechen. Die Vorstellung, bei aussenstehenden Personen anzurufen und ihnen von uns zu erzählen, erschreckte mich. Was sollte ich sagen? Worum sollte ich bitten? Was wären die Konsequenzen? Aber ich wusste, ich musste wieder raus, ich musste »die Dinge« in die Hand nehmen, sonst würde ich durchdrehen.

Nach sechs Wochen also nahm ich all meinen Mut zusammen und wählte die Nummer der Frühförderstelle der Lebenshilfe Frankfurt. Erhalten hatte ich diesen »Tipp« von unserem Kinderarzt. Schon beim Wählen der Nummer begann ich innerlich zu zittern und die Tränen stiegen in mir hoch. Dementsprechend stammelte ich vor mich hin. Die Dame am anderen Ende war Ute Rüster, die Leiterin der Frühförderstelle. Sie sprach angenehm ruhig, fast schon gelassen. Sie fragte nicht viel, ließ mich reden.

Wenn ich mich heute daran erinnere, dann hatte ich schon damals das Gefühl, in ein »Netz« gesprungen zu sein. Jemand wollte meinen freien Fall bremsen, zumindest sollte der Aufprall abgefangen werden. Das ist mir sofort klar geworden. Ich hatte spontan das Gefühl, dass ich diese ganze gewaltige emotionale Überforderung der letzten Wochen zumindest mit jemandem besprechen, wenn nicht sogar teilen könnte. Da war plötzlich jemand, der mir in irgendeiner Form, wobei auch immer, helfen wollte. Wir verabredeten uns schon für die nächsten Tage bei uns zu Hause. Erstkontakt und Erstbesuch heißt das bei der Frühförderung. Ich rief nach diesem Gespräch sofort meinen Mann an und berichtete ihm, dass jemand zu uns kommen würde, wir nicht irgendwohin fahren müssten und uns in unserem desolaten Zustand in einer für uns fremden und künstlichen Umgebung präsentieren müssten, sondern dass tatsächlich jemand zu uns käme, um uns in unserer häuslichen Umgebung kennenzulernen, und vor allen Dingen Julius kennenlernen möchte. Denn um ihn geht es ja schließlich, dachte ich. Dass es in der ersten Zeit jedoch erstmal um mich (und uns) gehen würde, das habe ich erst sehr viel später richtig verstanden.

Ein paar Tage später war es soweit. Frau Rüster stand in der Tür und lächelte mich freundlich und vorsichtig an. Heute stelle ich mir vor, dass für die MitarbeiterInnen der Frühförderstelle solch ein Erstkontakt sehr aufregend ist, wenn auch von Routine begleitet. Schließlich haben sie auch nicht immer eine Vorstellung davon, was sie erwartet, in welcher Verfassung sie die Familien vorfinden. Das stelle ich mir sehr spannend, aber auch anstrengend vor. Frau Rüster nahm mein Kind auf den Arm, ganz natürlich und zugewandt. Mit echtem Interesse. Sie war die erste Person außerhalb meiner Familie, die Julius so richtig angeschaut und ihn angesprochen hat, uns ganz normal begrüßt und behandelt hat. Sie vermittelte mir spontan den Eindruck, dass vielleicht alles gar nicht so schlimm kommen würde, wie befürchtet, dass wir Menschen finden werden, die uns begleiten auf unserem Weg ins Ungewisse.

Als Frau Rüster sich an diesem Abend verabschiedete, hatte ich erstmals wieder ein zartes Gefühl der Zuversicht. Von da an hatten wir regelmäßigen Kontakt. Sie besuchte Julius und war ein fester Bestandteil in unserem Wochenablauf geworden und ein verlässlicher Anker und Kummerkasten. Gemeinsam haben wir die infrage kommenden Therapieangebote diskutiert, gegeneinander abgewogen und ausgewählt und die Arztbesuche besprochen. Frau Rüster stand mit Rat und Tat beiseite. Ihre Frühförderstunden mit Julius waren immer sehr spannend. Ich dachte, ich hätte einen kleinen hilflosen Säugling, der gerade mal gelernt hat, richtig zu trinken, sie aber zeigte uns, dass seine Wahrnehmung der Außenwelt viel weiter fortgeschritten war, als es für uns zunächst ersichtlich war. So erlebten wir die ersten Entwicklungsmonate unseres Kindes wesentlich bewusster und begannen, ihn viel aufmerksamer zu betrachten.

Heute möchte ich behaupten, dass Frau Rüster einen wesentlichen Anteil daran trägt, dass mein Seelenheil in dieser Zeit wieder hergestellt werden konnte. Die Betreuung durch die Frühförderstelle hatte mir wieder Selbstvertrauen gegeben, meine mütterlichen Kompetenzen nicht in Frage gestellt und dafür gesorgt, dass wir erst einmal eine richtige Familie wurden. Frau Rüster hat immer wieder auch den Vater mit einbezogen, wir haben an Abendterminen Familiengespräche geführt, und sie hat uns die bis heute wertvollen Kontakte zur Logopädin und anderen betroffenen Familien verschafft. Frau Rüster hat auch den von uns ausgesuchten Kindergarten besucht. Ihr Urteil war uns wichtig, denn sie kannte unser Kind. Als dann mit dem Eintritt von Julius in den Kindergarten die Frühförderung zu Ende war, war ich wirklich traurig. Es war jedoch kein Abschied für immer. Glücklicherweise blieben wir in Kontakt, denn schließlich war Julius ihr inzwischen auch sehr zugetan. Auch Paula hatte die Frühförderstunden mit Frau Rüster sehr genossen, denn sie hatte immer »die besten« Spielsachen dabei.

Das Zustandekommen unserer »Müttergruppe« im Sommer 1999 bei der Lebenshilfe Frankfurt, die Frau Rüster bis Juni 2005 leitete, war für mich eine glückliche Fügung. Ich habe dort Leute getroffen, die ich sonst nie getroffen hätte und deren Freundschaft mich seitdem zuverlässig durch mein Leben begleitet.

Kapitel 5

Schwangerschaft und pränatale Diagnostik

Die Schwangerschaft danach

Dass wir noch weitere Kinder wollten, stand ja schon lange außer Frage, und dass man, wenn man spät anfängt, sich beeilen muss, war auch klar.

Also Nina sollte um ihren zweiten Geburtstag herum ein Geschwisterchen bekommen. Dass das so schnell klappt, hat uns völlig überrascht. Eine Riesenfreude machte sich breit, aber auch gepaart mit der Gewissheit, jetzt müssen wir uns erneut mit der Frage der Behinderung auseinandersetzen. Jedem, der uns kennt und von Ninas Behinderung weiß, wird der Gedanke durch den Kopf gehen: Geht diesmal alles gut?, und wird uns eventuell auch darauf ansprechen. Hierauf musste ich mich irgendwie vorbereiten, es drängte mich förmlich danach, Erklärungen parat zu haben. Zwischen Ludwig und mir gab es diesen Erklärungsbedarf nicht. Wir wollten weitere Kinder – und zwar bald, und wir wollten, soweit es irgendwie ging, Klarheit über und durch die verschiedenen pränatalen Untersuchungen. Wir wollten nicht die gesamte Schwangerschaft hindurch uns immer wieder fragen müssen: Hat das Baby nun Down Syndrom oder nicht? Diesen Druck wollten wir so früh wie möglich entweichen lassen; vor allen Dingen ging es uns um das Down Syndrom.

Aber wie geht die Gesellschaft – vorwiegend unser Umfeld – damit um? Ich könnte ja sagen, das geht niemanden etwas an, was wir machen! Das ist mir aber viel zu billig, irgendwie geht das jeden an und irgendwie, finde ich, sollte sich mein Umfeld auch damit beschäftigen.

Warum soll ich die überaus neugierige Gesellschaft schonen? Sollen die mir doch sagen, ob ich das Baby umbringen soll oder nicht, wenn eine Behinderung festgestellt wird. Behinderung geht jeden an, nicht nur die Eltern. Ludwig konnte meinem Rechtfertigungsdruck nicht so recht folgen. Ich denke, das hat damit zu tun, dass Männer nur selten, wenn überhaupt, gefragt werden nach Fruchtwasseruntersuchung, ja oder nein und was dann.

Sowieso werden die Männer viel zu wenig gefordert, sie überlassen nur zu gerne alle Entscheidungen, die mit Familienplanung zu tun haben, den Frauen. Die nehmen ihre Pflichten gottgegeben hin. Die Frauen sind dann die, die die Kleinen abtreiben und ihr Leben lang Gewissensbisse mit sich rumtragen. Aus diesem Grund hört man auch immer nur von Fruchtwasseruntersuchungen ohne Befund. Die Frauen erzählen dann davon nach dem Motto: Ich bin auf Nummer sicher gegangen, wir haben alles für ein nicht behindertes Kind getan – als hätten wir das nicht!

Von den Frauen, die nach einem positiven Befund abgetrieben haben, hört man nichts. Die kennt man nicht persönlich, die erscheinen nur in Statistiken, nach dem heutigen Abtreibungsrecht noch nicht mal mehr ausdrücklich. Und warum? Die Frauen müssen sich schützen, denn die Gesellschaft urteilt dann trotzdem verächtlich über diese Frauen. Erwartet man ein behindertes Kind, ist es an der Frau, die richtige Entscheidung über Leben und Tod zu fällen; und wie man sich entscheidet – es scheint die falsche Entscheidung zu sein.

Unter den Eltern, die bereits ein behindertes Kind haben, bleibt für mich festzustellen, dass sich ein wesentlich ausgeprägteres selbstaufopferndes Verhalten breit macht als anderswo. Mir scheint, dass sich aus diesen normalen Eltern, meist aus den Müttern, »Total-Schicksalsergebene-Mütter« entwickeln. Sie wollten es gar nicht wissen, ob behindert oder nicht, sonst sei es eine Entscheidung gegen das bereits geborene Kind, und wenn es so sein soll, soll es eben so sein: Schicksal. Wenn die Frauen so reden, sitzen ihre Männer stumm daneben und scheinen Gott dafür zu danken, dass das Kind nicht behindert ist, und hoffen darauf, dass sie kein weiteres mehr will. Mir kommt hier etwas nicht gerecht verteilt vor.

Außerdem frage ich mich, was ein zweites Kind, ob behindert oder nicht, an meinen Gefühlen zu Nina verändern würde. Für uns ist es ganz klar: Wir wollten damals wie heute ein gesundes, nicht behindertes Kind. Dass es das nicht geworden ist, ändert nichts an der Tatsache, dass wir Nina, so wie sie ist, sehr lieb haben.

Mit der Entscheidung, wie wir uns verhalten sollen, falls nach der Chorionzottenbiopsie ein positiver Befund vorliegt, haben wir uns sehr schwer getan. Viele, die es nicht besser wissen, denken ja, dafür ist doch eine genetische Beratung da. Ja, das dachten wir damals, kurz nach Ninas Geburt, auch. Wir dachten damals, wir hätten etwas Wesentliches verpasst. Aber das kann überhaupt nicht helfen, die können nur etwas zur Statistik sagen: Wir wissen also jetzt, dass das Risiko für die Colitis ulserosa (die chronische Darmkrankheit meines Mannes) für das Baby größer ist als für ein weiteres Kind mit Down Syndrom: 1,4% zu 1,0%. Ja gut, aber damit ist uns auch nicht geholfen. Wie kann uns die Statistik beruhigen, wo wir doch bereits mit Nina einen »Volltreffer« gelandet haben?

Bis zum vorläufigen Befund, Mitte Dezember nach der Biopsie, haben wir nur mit wenigen über die Schwangerschaft geredet. Obwohl mir dauernd schlecht war und ich jede Feier gemieden habe, hat keiner was geahnt. Mit Nina bin ich dann Anfang November zu Christa gefahren, und vor allem mit unserer Frühförderin Frau S. haben wir über die Thematik gesprochen. Beide arbeiten in verschiedenen Bereichen der Behindertenhilfe und haben aufgrund dessen eine andere Sichtweise, jedenfalls waren das die richtigen Gesprächspartner für mich. Hier hatte ich das Gefühl, die wissen ganz genau, um was es geht, die würden eine Entscheidung für oder gegen das Kind als eine persönliche Entscheidung, die nur das ungeborene Baby und die Eltern betrifft, akzeptieren, und sie raten auch dazu, es aus reinem Selbstschutz nie zu einer öffentlichen Sache zu machen, obwohl es die Gesellschaft sehr wohl etwas angeht.

Am 12. Dezember war die schon erwähnte Chorionzottenbiopsie, sie kann nach der 12. Schwangerschaftswoche durchgeführt werden, also zwei bis drei Wochen früher als eine Fruchtwasseruntersuchung. Es wird mittels einer langen Nadel durch die Bauchdecke hindurch eine Gewebeprobe der Plazenta entnommen. Alle Chromosomenuntersuchungen – wie bei der Fruchtwasseruntersuchung auch – können jetzt durchgeführt werden. Es lässt sich allerdings keine Aussage über Spina bifita machen. Drei Tage später liegt dann der vorläufige Befund vor.

Die Untersuchung selbst war nicht so dramatisch für mich, auch die Aussage des Gynäkologen, es sei eine zeitgemäße Entwicklung des Babys, hat mich sehr gefreut, denn so etwas habe ich ja bei Nina nie zu hören bekommen. Sie war immer etwas kleiner oder schlanker oder sehr ruhig. Trotzdem lag ich da auf der Liege in der Praxis mit Tränen in den

Augen – dieses blöde Down Syndrom von Nina hat ja eigentlich dazu geführt, dass ich überhaupt hier liege, dass ich mir Sorgen mache, mich mit Gedanken über Abtreibung herumquäle, anstatt mich auf mein Baby zu freuen. Auf einmal wurden meine Gedanken klar: Bei allem, was im Leben noch auf uns zu kommen wird, wird das Down Syndrom immer dabei sein, Ninas Down Syndrom wird uns immer und überall begleiten, man kann nicht einfach einen Schlussstrich ziehen.

Diese Untersuchung wollte ich alleine durchstehen, aber nicht den Tag, an dem der Befund kommen würde. Ich wollte nicht die Person sein, die Ludwig diese Nachricht überbringen muss. Ludwig und Nina gingen mit mir zur Verkündung des vorläufigen Befundes. Auf dem Weg dorthin begegnete uns eine junge Frau mit Down Syndrom in der U-Bahn. Wochen vorher hatten wir eine Sendung im Fernsehen gesehen über die Integrative Beschulung in Frankfurt, und sie war dort Schülerin bis zur 10. Klasse. Wie selbstverständlich saß sie in der U-Bahn auf dem Weg zu ihrer Ausbildungsstätte bei der Stadtbücherei und wie selbstbewusst holte sie ihr Buch aus der Tasche, um zu lesen. Sie lachte mit Nina und hielt Smalltalk mit uns. Ludwig und ich fragten uns, ob das nicht eine Art Vorsehung oder Fügung sein sollte: So was passiert auf dem Weg zur eventuellen Entscheidung über Leben oder Sterben eines Fötus mit Down Syndrom.

Zum Glück blieb uns diese Entscheidung erspart: Es ist keine Chromosomenanomalie feststellbar. Die Erleichterung und die Freude sind nicht zu beschreiben – ein Gefühl das mich heute noch überglücklich sein lässt. Mit Tränen der Freude in den Augen umarmten wir unsere Nina. Erst jetzt stellte sich bei mir tatsächlich das Gefühl des Schwangerseins ein, und wir konnten uns auf unser zweites Kind richtig freuen.

An Weihnachten sagten wir es unseren Familien und ab da dann auch allen anderen.

Genau wie vermutet gingen jetzt die Fragereinen los: »Habt ihr denn wenigsten diesmal die Untersuchungen machen lassen?« Die meisten wollten nur ein deutliches Ja hören und waren damit völlig zufrieden, aber mir platzte so nach und nach der Kragen, denn nur die allerwenigsten fragten nach dem Untersuchungsergebnis. Die Möglichkeit, dass sich jemand trotz positiven Befundes für ein Kind entscheidet, wird von den wenigsten in Betracht gezogen. Und Leute wie wir, die bereits ein behindertes Kind haben und tatsächlich den Mut aufbringen, ein weiteres Kind zur Welt bringen zu wollen, müssen doch erst recht eine Untersuchung machen lassen – zur Sicherheit. Dies alles nach dem Motto:

Lässt du eine Untersuchung durchführen, ist nichts zu befürchten. Versteckt bedeutet das immer noch: »Die sind ja selber schuld, sie hätten ja bereits bei der ersten Schwangerschaft eine Untersuchung durchführen lassen können.« Und noch versteckter bedeutet es: »Die werden doch nicht etwa bewusst ein zweites behindertes Kind wollen?«

Jetzt wurde mir wieder all zu deutlich, wie dumm und unwissend doch die meisten unserer Mitmenschen sind, wo ich mir doch so viel Mühe gegeben hatte, mein Umfeld zu informieren über Ninas Behinderung. Die Leute hören zu, aber verstehen es nicht oder wollen es nicht verstehen, erst recht nicht den emotionalen Hintergrund. Es ist wirklich so: Man wird nur von den Menschen halbwegs verstanden, die Ähnliches durchgemacht haben. Ich bin froh, mich bereits frühzeitig damit auseinander gesetzt zu haben, denn nur so konnte ich relativ sicher auftreten und mir so manches unangenehme Gequatsche vom Hals halten.

Im übrigen: Mein Mann wurde bis zur Geburt von Felix lediglich zweimal angesprochen hinsichtlich pränataler Diagnostik und den Folgen.

Diesen Text habe ich während der Schwangerschaft geschrieben und erst lange nach Felix' Geburt ergänzt. Es war für mich eine große Hilfe, meine Gedanken niederzuschreiben, ich konnte mir sozusagen auf dem Papier die verschiedenen Sichtweisen klarer vor Augen halten. Würde ich heute die Thematik beschreiben, wäre bestimmt die eine oder andere Formulierung freundlicher gegenüber meinen Mitmenschen. Aber damit würde die grausame Not, die Schwangere durchmachen, nicht mal mehr im Ansatz erkennbar. Viele Schwangere machen diesbezüglich elende Stunden durch und so viele ahnen nichts davon.

Ich erhielt einen Anruf von einer mir unbekannten Frau, die in der achtzehnten Woche schwanger war und seit zwei Tagen sicher wusste, dass ihr Baby das Down Syndrom hat. Der Kontakt zu mir wurde hergestellt über eine Bekannte an unserer Schule, die nach jemandem suchte, der sich dieser Familie für ein »Gespräch« zur Verfügung stellen würde.

Wir hatten uns sofort für den gleichen Abend verabredet, denn die Zeit drängte. Die Frauenärztin riet zur Abtreibung, und die Frist hierfür lief ab. Die Familie musste sich innerhalb der nächsten Tage für oder gegen das Kind entscheiden. Diese Situation war für mich so grotesk, dass ich wie schon so oft dachte, dass ich froh war, niemals in dieser Situation gewesen zu sein. Wir wussten nicht, dass unser Kind das Down Syndrom hat, und das war gut so. Hätten wir es gewusst, hätten wir das Kind vielleicht nicht bekommen, da auch mein Arzt mir geraten hätte, es nicht zu bekommen. Vielleicht hätte sogar meine gesamte Familie mir davon abgeraten. Ich hätte nicht gewusst, an wen ich mich in dieser Situation damals hätte wenden können, und wir hätten uns unter Umständen tatsächlich gegen unser Kind entschieden. Gegen diesen hübschen, starken, gesunden, lebensfrohen kleinen Kerl. Gleichzeitig frage ich mich jetzt, wie wäre unser Leben ohne ihn verlaufen. Sicherlich weniger anstrengend, aber in keiner Weise total anders, auch wenn wir dies natürlich in der ersten Zeit befürchtet hatten. Was also sollte ich dieser Familie sagen? Bereits am Telefon habe ich die Mutter darauf vorbereitet, dass ich ihr mit Sicherheit nicht von diesem Kind »abraten« werden könne. Sie werde von mir »die andere Seite hören«, ob sie das wirklich wolle. Ja, genau dies sei es, was sie und auch ihr Mann wollten. Denn grundsätzlich wäre die Tendenz vorhanden, das Kind zu bekommen, sie würden nur gerne wissen, was da unter Umständen alles auf sie zukäme. Auch war es nicht ihr Wunsch gewesen, eine Amniozynthese durchführen zu lassen, es war eher Zufall, dass dies im Zuge einer Vorsorgeuntersuchung erfolgt sei, da eine Auffälligkeit im Verlauf der Schwangerschaft bei der Plazentaentwicklung beobachtet worden war.

Und ich überlegte nun: Was sollte ich diesen Leuten denn nur sagen? Darf ich, kann ich denn überhaupt etwas raten? Der Kommentar meines Mannes dazu war: »Bist du verrückt? Mach das bloß nicht, du kannst anderen Menschen doch überhaupt nichts raten. Am Ende werden sie dir in ein paar Monaten Vorwürfe machen...« Das waren seine Befürchtungen. Aber irgendwie waren das alles überhaupt nicht meine Befürchtungen. Ich hatte ein gutes Gefühl. Die Frau war am Telefon sehr sympathisch, und wenn es schließlich »um Leben und Tod« geht, dann darf man nicht still halten. Außerdem hatte nicht ich um ein Gespräch gebeten, sondern sie.

Ich selbst hatte mich auch bei meiner zweiten Schwangerschaft gegen eine Fruchtwasseruntersuchung entschieden. Ich sehe noch heute das verdutzte Gesicht meines Gynäkologen vor mir, der mir wie selbstverständlich schon einen Termin bei der genetischen Beratung gemacht hatte und davon ausging, ich würde natürlich untersuchen lassen. Damals war klar, dass ich das nicht tun konnte. Das wäre, als hätte ich mich im Nachhinein gegen Julius entschieden und ganz klar zu ihm sagen müssen, so jemanden wie dich will ich nicht noch einmal in meinem Leben haben. Mir ist klar, dass das der ewige Streit zwischen den so genannten Befürwortern der freien Entscheidung der Mutter/Eltern ist. Aber niemand hat das Recht eine Auslese zu treffen, wer lebt und wer nicht. Muss man nicht letztlich auch mit der Entscheidung gegen ein Kind leben? Und wie würde ich mich mit den Folgen einer solchen Entscheidung quälen?

Ich konnte dem inneren Druck damals kaum standhalten. Mein Mann und ich waren uns dann einig, diesen Weg zu gehen. Trotzdem blieben Zweifel, und zwar bis ganz zum Schluss der Schwangerschaft. Ich hatte solche Angst noch bis kurz vor der Geburt, dass ich wieder ein behindertes Kind haben würde. Der psychische und emotionale Druck waren kaum auszuhalten. Auch meine Familie hat damals mit mir gelitten, gebangt und gehofft, obwohl nie jemand von ihnen mit mir darüber gesprochen hatte. So war die zweite Schwangerschaft keine schöne Zeit, weil es natürlich auch viele bohrende Fragen von Familie, Freunden und Bekannten gegeben hatte, warum ich nicht untersuchen lasse, und ich auch selber eine Zeit der Unsicherheit hatte, ob es nicht doch vielleicht richtiger sei, wenigstens zu wissen, was uns erwartet. Aber ich blieb eisern. Ich bin nicht unbedingt stolz darauf, es ist vielmehr ein ethischer Grundsatz, den ich für mich so entschieden hatte.

Schwer gefallen ist mir damals der Umgang mit meinen ganzen alten Freundinnen und Familienmitgliedern, die nach der Geburt von Julius fast alle eine Fruchtwasseruntersuchung haben durchführen lassen. Das schlimmste daran war, dass eigentlich niemand von ihnen den Mut hatte, mit mir darüber zu sprechen. Im Gegenteil, es sollte möglichst vor mir verheimlicht werden. Ich hatte also keine Chance, darüber zu diskutieren. Die wenigsten haben mit mir darüber gesprochen. Und wenn, dann war das Fazit, dass ich so viel Kraft hatte und das alles gut hinbekommen habe, aber sie sich ein solches Leben nicht vorstellen könnten. Das war dann immer das Schlimmste für mich! Wir wurden damals doch auch nicht gefragt, ob wir die Kraft aufbringen würden. Wenn nun ein Kind einen schlimmen Unfall hat und für den Rest seines Lebens gelähmt im Rollstuhl sitzt, hat man dann auch nicht die Kraft, kann man sich dann umdrehen, weggehen und sagen, ab in die Tonne mit dem Kind? Nein, so was geht nur mit ungeborenem Leben. Da tut es offensichtlich noch keinem weh.

Auch wenn ich hart mit meinen Mitmenschen ins Gericht gehe, verdient haben sie es allemal. Etwas beruhigen kann ich mich damit, dass die Zeiten, in denen ich meinen Freundeskreis in zwei Kategorien eingeteilt habe, nämlich die mit Amniozentese und die ohne, dass diese Zeiten vorbei sind! Positiv zu erwähnen ist noch, dass es damals eine Freundin gab, die mit mir gesprochen hatte. Sie sagte, sie hätte gerade wegen uns keine Untersuchung machen lassen. Das hat mich sehr gerührt und ich werde ihr das nie vergesen.

An jenem Abend bei dieser Familie hatte ich Bilder von meinem Sohn eingepackt, versuchte, locker zu bleiben (war ich überhaupt nicht!), und hoffte, dass ich nichts sagen würde, was sie erschrecken könnte oder zu positiv stimmen würde. Ihre Entscheidung konnte ich nicht treffen, vielleicht beeinflussen. Ich habe auch nicht alles rosarot gemalt. Wir wissen schließlich alle, dass es das nicht ist, eher dunkellila, zwischendurch schwarzgrau und dann wieder hoffnungsgrün.

Die Geschichte mit der Familie von neulich hat ein gutes Ende. Gestern ist der kleine Lennard geboren. Er ist klein, zart, niedlich und etwas zu früh, aber weitestgehend gesund und munter. Der stolze Vater rief mich an, um es mir mitzuteilen. Die Eltern sind unendlich stolz und wollen mir den Kleinen bald vorstellen. Ich bin ganz seelig. Lennard hat einen Herzfehler und steht derzeit noch unter Beobachtung im Krankenhaus. Die Ärzte waren sich während der Schwangerschaft ganz sicher, das Herz sei in Ordnung. (Ist sie nicht perfekt – unsere Wissenschaft?) Jedenfalls muss der Kleine wohl operiert werden. Bei den heutigen Möglichkeiten hat er sehr gute Chancen, es ist jedoch immer noch ein großes Risiko. Das tut mir sehr leid, und ich halte weiterhin die Daumen. Die Familie macht einen stabilen Eindruck, und ich bin sehr zuversichtlich, dass sie die Situation meistern werden. Die Mutter erzählte mir, dass sie inzwischen auch erste Kontakte mit der Frühförderstelle gehabt hatte und auch dort noch einmal ein erstes vorgeburtliches Beratungsgespräch mit einem Mitarbeiter geführt hatte. Sie war sehr angetan. Ich bin froh, dass sie selbstbewusst in die Zukunft schaut.

An einem ganz normalen Donnerstag nach der Arbeit stand ich an der U-Bahnhaltestelle und wartete auf die nächste Bahn. Neben mir bemerkte ich einen leeren Kinderwagen und suchte wie automatisch Blickkontakt zum fehlenden Kind dazu. Ein noch ganz kleines Baby lag in den Armen seiner Mutter. Ich konnte mein mütterliches Grinsen nicht zurückhalten, und wir beiden Frauen kamen ins Plaudern über dies und das, z. B. über das Fahren in öffentlichen Verkehrmitteln mit Kinderwagen, hoffentlich schreit das Kleine nicht in der Bahn und so weiter. Einfacher Smalltalk unter Frauen, unter Müttern, die sich völlig fremd sind.

Während der Bahnfahrt kamen wir auf den Namen des Babys zu sprechen: Isabell. »Die Namensfindung war wirklich nicht leicht für uns, mein Mann und ich haben uns sehr schwer getan«, sagte die junge Mutter. Sie sprach von den verschiedenen Vorstellungen der Eltern, von der Häufigkeit des Namens, von Anrufen beim Standesamt. »Na, dann hätte ich doch auch gerne gewusst, wie die Wahl des Namens bei einem Jungen ausgefallen wäre?«, entgegnete ich. Darauf antwortete die Frau prompt: »Nein, nein, über einen Jungenname mussten wir uns keine Gedanken machen, wir haben doch eine Fruchtwasseruntersuchung machen lassen und wussten daher von Anfang an, dass es ein gesundes Mädchen werden wird.«

Ich konnte darauf nichts mehr sagen, erstens musste ich aussteigen und zweitens war ich sprachlos. Mir fehlten die Worte über soviel Intimität in einem Smalltalk. Sind genetische Untersuchungen keine Privatsache mehr? Kommen wir jetzt langsam dahin, dass werdende Eltern sich schämen müssen, wenn sie keine Untersuchungen durchführen lassen wollen? Sind sie dann vielleicht noch selbst Schuld, wenn ein behindertes Kind zur Welt kommt? Nur 5% aller Behinderungen entstehen vorgeburtlich, ob das die jungen Frauen, die werdenden Mütter, wissen?

Dieser jungen Mutter ist ihr Glück uneingeschränkt zu gönnen. Welche Gedanken diese Bemerkungen bei mir ausgelöst haben, konnte sie ja nicht wissen. Aber das zeigt mir eine Tendenz in unserer Gesellschaft, die mir Angst macht.

Kapitel 6

Alltag

Vom Wunsch: ein behindertes Kind für alle!

Ich hab' eins! Du hast eins! Ich finde, jeder sollte eins haben! Ist dieser Gedankengang gemein? Also, sachlich betrachtet habe ich viele Freunde und Gesprächspartner verloren, als Nora auf die Welt kam. Behinderung, Anders-Sein. Das ist immer noch ein Tabuthema in unserer Gesellschaft. Man ist sich unsicher. Wie verhält man sich in so einem Fall dem Kind, den eigenen Eltern oder der gesamten Familie gegenüber? Wir waren so verzweifelt, am Boden zerstört. Wir waren ziemlich allein mit unserer Trauer. Oft habe ich mir gewünscht, die Menschen um mich herum könnten mich doch einmal ansprechen. Nur sehr wenige haben sich getraut nachzufragen, und wenn, dann oft über Dritte. Die gutgemeinten Sprüche – »Das wird schon.« »Das holt sie alles wieder auf« – kommen immer noch, auch heute. Das hilft einem aber nicht.

Wir haben aber gerade wegen Noras Behinderung auch viele neue, sehr nette Menschen kennengelernt.

Vom Standpunkt unserer Gegenüber aus betrachtet war es wirklich keine einfache Situation: Aufgeregte Eltern zum schlimmsten Befund, den man sich vorstellen kann, befragen – keine leichte Aufgabe.

Egoistisch betrachtet wünsche ich mir für jede Familie ein behindertes Kind. Dann wüssten alle, wovon wir immer sprechen. Wir hätten wieder jede Menge Gesprächpartner. Man könnte sich besser vorstellen, was der andere alles leisten muss und wie sehr er leidet.

Es wäre so schön, alles mit ihnen teilen zu können. Ich möchte, dass sie jedes Detail nachvollziehen können. Ach, könnte mich doch nur einer verstehen: meine Trauer um dieses hilflose kleine Wesen. Meine Angst, sie könnte es nicht überleben. Meine Hoffnung, alles wird irgendwann ganz normal, wie bei allen anderen auch. Mein größter Wunsch zu Beginn, sie möge es bitte nicht überleben, ja, auch das habe ich gedacht!

Nie wird mich irgendjemand so verstehen.

Ich bin so traurig und weiß, keiner kann mir helfen. Alle meinen es nur gut, und auch dafür hat jeder so seine eigene Strategie: »Das wird schon.« »Sie holt alles wieder auf.« »Nora wird bestimmt laufen lernen. Ich glaube fest daran und bete dafür.«

Heute weiß ich, man darf auch sein Gegenüber nicht überfordern. Klar sollen (vor allem die Großeltern des behinderten Kindes) alle einen normalen Umgang mit dem Kind haben, aber man muss auch Rückzugsmöglichkeiten tolerieren.

Letztens ist mir mit meiner Mutter, also Noras Großmutter, folgendes passiert: Nora hat eine neue Phase. Ich weiß noch nicht genau, zu welchem Zeitpunkt es passiert, aber Nora äußert sich jetzt sehr deutlich, wenn ihr etwas nicht passt. Sie schreit wie am Spieß: sehr laut, richtig ärgerlich. Alle, vor allem ihre Therapeuten, finden es gut, dass sie nicht mehr so brav, lieb und angepasst ist. Im Prinzip ist es natürlich eine positive Entwicklung, Nora ist jetzt fünfeinhalb, aber es macht den Menschen in ihrer Umgebung das Leben eben nicht einfacher. Man ist es einfach nicht gewöhnt.

Meine Mutter war zu Besuch. Wir, also die Erwachsenen, haben uns unterhalten. Ich glaube, Nora kam sich vernachlässigt vor und wollte auch im Mittelpunkt stehen oder auch unterhalten werden. Sie fängt an zu schreien. Nora kann ihren Wunsch nicht wirklich artikuliert äußern. Nora schreit laut. Meine Mama ist sehr irritiert. Ich versuche, Nora zu erklären, dass wir uns jetzt unterhalten und dass sie auch gleich wieder dran ist, aber jetzt bin ich gerade dran. Nora schreit extrem ärgerlich. Meine Mutter findet das gar nicht gut. Ich habe versucht, Nora hochzuheben, sie zu uns zu holen, aber sie schreit weiter. Meine Mutter ist entnervt – nicht im negativen Sinne. Sie hält das nicht aus. Sie ist in so einer Situation total überfordert, und es macht sie traurig, dass Nora jetzt nicht sagen kann, was sie möchte. Ich finde es jetzt auch nicht gut, aber ich habe mich schon daran gewöhnt, dass es so eine Situation immer mal gibt. Als ich vor einiger Zeit Besuch von alten Schulkameraden mit ihren Kindern hatte, habe ich so eine ähnliche Situation mit Nora auch schon erlebt. Auch letztens im Bahnhof von Hannover setzte ihr Geschrei ein, als wir auf dem Weg nach Hause waren. Ein Emotionsoverkill? Zu viele Eindrücke? Möchte sie hierbleiben oder ganz schnell wieder nach Hause? Ich weiß es nicht.

Doch hier in der Situation mit meiner Mutter kann ich es gerade ganz gut aushalten. Meiner Mutter steigen die Tränen in die Augen, und sie verlässt die Situation. Sie geht. Ich verliere meinen Gesprächspartner. Schade. Das ist traurig, aber ich kann es irgendwie verstehen, auch wenn ich es natürlich gerne ganz anders hätte. Meine Mutter geht und Nora ist leise. Hat sie erreicht, was sie erreichen wollte?

Nina war zwei Jahre alt, als ihr Bruder Felix geboren wurde. Bis dahin war uns klar, dass das Thema Zähne immer ein besonderes Thema sein wird. Die meisten Kinder mit Down Syndrom bekommen ihre Zähne wesentlich später als die anderen Kinder, oft nicht alle und ebenso oft schief gewachsen. Zum Kieferorthopäden hatte uns bereits die Gaumenplatte wegen der Zungen-Mund-Motorik geführt: Sie war damals ca. sechs Monate alt gewesen.

Der erste Zahn hat sich dann mit zehn Monaten gezeigt. Sie liebte es immer, auf harter Brotkruste, Dinkelstäbchen oder Reiswaffeln herumzubeißen. Irgendwann später haben wir die Hoffnung auf die fehlenden zwei Schneidezähne oben wie auch unten aufgegeben, umso wichtiger erschienen die vorhandenen Zähne. Die relativ großen Zahnlücken waren recht symmetrisch verteilt, so dass wir den Trost fanden, hier könnte wenigsten ordentlich geputzt werden und Karies hätte kaum eine Chance. Doch eines Tages mussten wir einen besonderen Kampf um einen dieser Schneidezähne führen.

Das erste Mal seit Felix' Geburt war Ludwig über Nacht bei seinem Vater geblieben. Felix holte mich an diesem Morgen erst spät aus dem Bett, und bis Nina wach wurde, verging einige Zeit. Sie setzte sich in ihrem Bett auf und fing an, mit ihren Stofftieren zu spielen, Felix lag satt vor Ninas Gitterbettchen auf dem Teppich und schaute zu. Als ich beim Fläschchen-Machen in der Küche war, hörte ich großes Gegickel – es war alles sehr ausgelassen, wir natürlich alle noch im Schlafanzug. Bis Nina auf einmal anfing, laut zu schreien. Sie hatte sich den Zipp vom Reisverschluss des Schlafsackes über ihren unteren Schneidezahn gezogen und wie wild daran gezerrt, um ihn wieder abzubekommen. Meine Hilfeversuche verfehlten völlig ihr Ziel. Sie warf sich nach hinten um, wo ich doch noch mit einem Bein auf ihren Schlafsack kniete!!! Der Zahn blieb im Zipp stecken. Ach du meine Güte – was jetzt? Wir alle drei schrieen. Nina blutet. Felix wusste nicht, was los ist. Mir stand der Schweiß auf der Stirn und sofort die Telefonnummer meines Zahnarztes vor Augen, eine sechsstellige Nummer, die ich normalerweise höchsten zweimal im Jahr brauche. Die Zahnarzthelferin versuchte, mich zu vertrösten, der Arzt könne jetzt nicht ans Telefon kommen und von einen

Kinder-Zahnarzt-Notdienst wüsste sie nichts – ich solle in einer Stunde nochmals anrufen.

Ein Kindernotdienst wird wenig Ahnung von Zähnen haben und ein zahnärztlicher Notdienst wird für die Notwendigkeit, wegen eines Milchzahnes vorbeizukommen, kaum zu überzeugen sein, dachte ich mir. Wie soll ich ohne Auto mit zwei Kindern, alle im Schlafanzug, schnell handeln können? Ludwig war 70 km weit weg, und in der Nachbarschaft alle beim Arbeiten oder über achtzig. »Nein, Sie erkundigen sich und rufen mich zurück!! Ich muss jetzt erst meine Kinder beruhigen«, sagte ich der Helferin. Nina hatte sich schon beruhigt; erstaunlich, wie schnell sie sich abgelenkt hatte mit ihrem »Binibär«. Das mussten doch furchtbare Schmerzen sein, sich einen kompletten Zahn herauszuziehen!

Felix war mit einem Schnuller leicht zu beruhigen. Was macht man mit so einem Zahn, den man vielleicht wieder einsetzten kann? In Milch legen, hatte ich mal gehört. Aber soweit bin ich gar nicht gekommen. Der Zahnarzt rief an: »Sie müssen den Zahn wieder reinstecken – ich kann auch nichts anderes machen – je früher um so besser!« Mir zitterten die Hände. Nein, ich kann das nicht, das müssen doch furchtbare Schmerzen sein, so einen Zahn wieder reinzustecken! Aber nach einem heftigen Seufzer und der großen Überredungskunst meines Zahnarztes habe ich dann Nina aufs Bett gelegt, mich mit den Knien auf ihre Arme gesetzt, ihre Füße mit meinen ruhig gehalten, mit der linken Hand den Kopf irgendwie fixiert und mit der rechten den Zahn in das Loch ihres Kiefers gesteckt – richtig herum! Nina schrie bei der Aktion, war aber sofort danach wieder ruhig. Sie machte nicht den Eindruck, als sei das so schlimm gewesen. Ich hatte einen hochroten Kopf und zittrige Knie. Nach wenigen Minuten, die ich zum Durchatmen brauchte, telefonierte ich wieder mit dem Zahnarzt. Er meinte, das Beste wird sein, den Zahn nun an den Nachbarzähnen zu stabilisieren – welche Nachbarzähne? Sie hat doch nur Lücken, deshalb war dieser Zahn doch so wichtig. »Ach so, Down Syndrom! Dann wird das mit dem Stabilisieren auch nicht so einfach.« Wir einigten uns, den Kinderarzt zu Rate zu ziehen. Auch beim Kinderarzt musste ich erst mal die Wichtigkeit dieses Milchzahnes deutlich machen. Er meinte, dass ein Milchzahn eine Narkose nicht rechtfertigt, er aber gegen ein Notfall-Therapeutikum nichts einzuwenden hätte; ein Rezept dafür könnten wir uns abholen.

Ludwig kam gegen Mittag, wir holten das Rezept, die Notfall-Arznei und sind dann alle vier zum Zahnarzt. Obwohl es erst beim dritten Versuch geklappt hat und wir mit drei Erwachsenen zu tun hatten, Nina trotz

Beruhigungsmittel ruhig zu halten, wurde der Schneidezahn am anderen Schneidezahn, über eine riesige Lücke hinweg, stabilisiert. Nach mehreren Wochen ließ sich Nina die Kunststoffmasse abschleifen, und der Zahn ist heute noch da, zwar etwas dunkler, aber er ist da!

Eigentlich müsste ich noch viel mehr zu Ninas Zähnen schreiben. Da ist die Sache mit dem Zahn in zweiter Reihe, Zähne putzen generell ist furchtbar schwierig und diese Zähneknirscherei verursacht immer wieder eine Gänsehaut bei mir.

Und was wird mit den Zahnspangen erst auf uns zukommen? Wegen Ninas Vorderbiss werden wir sicher auch noch etwas unternehmen müssen – Oberkieferregulierung oder so ähnlich.

Bei Felix läuft das alles einfach so – man muss sich nicht besonders kümmern, und Marlons wenige Zähne sind einfach Prachtexemplare.

Heute ist Freitag, und in Wien gibt es eine kleine katholische Gemeinde, die gerade an unseren Marvin denkt und für ihn betet.

Der genaue Wortlaut des Gebetes ist mir unbekannt. Genauso wie ich jene Menschen nicht kenne. Meine Mutter hatte vor Jahren den Kontakt gesucht, nachdem eine Messe aus dieser Kirche im Fernsehen übertragen wurde; nach anfänglichem Briefwechsel kam es zu einem persönlichen Kennenlernen dort in Wien. Mein Vater, ein passionierter Steinmetz, schenkte der Gemeinde einen achteckigen Kerzenständer, den er aus einem ein Meter hohen Sandsteinblock selbst gehauen hatte.

Eine große Kerze wird seitdem jeden Herz-Jesu-Freitag darauf angezündet und soll die Herzen der Menschen erleuchten und erwärmen.

Heute ist wieder so ein Tag.

Meine große Tochter ist gerade sechs Jahre alt geworden. Seit ihrer Geburt ist Nora behindert. Auch genau seitdem sind wir sehr aktiv, bloß alles erdenklich Mögliche dafür zu tun, dass Nora optimal gefördert wird. Der Therapieplan, den sie zu absolvieren hat, kommt einem geschäftigen Managerleben gleich. Es gibt Zeiten, da ist Nora wirklich im Stress. Als wir noch kein zweites Kind hatten, begaben wir uns mindestens jeden Vormittag zu einer Therapieeinheit. Manchmal hatten wir sogar zwei Therapieeinheiten an einem Tag. Außerdem habe ich mit Nora dreimal täglich Vojta geturnt. Die Einheiten setzen sich neben therapeutischem Schwimmen noch aus Logopädie, Ergotherapie, Montessoritherapie, Physiotherapie, Hippotherapie, Psychomotorik und Frühförderung zusammen.

Heute ist das alles schon viel überschaubarer und gemäßigter, aber die erste Zeit war schon recht intensiv! Heute versuche ich, nicht allzu viele Termine in einer Woche zu haben, denn auch Sofie soll durch die vielen Therapiebesuche keinen »Schaden« erleiden oder zu kurz kommen. Oft begleitet sie uns und hat einen guten Draht zu den Therapeuten. Sie kennt alle und weiß, was Nora dort machen muss. So gut es geht, versuche ich aber, für Sofie eine Alternativbetreuung durch Babysitter, Omas, Schwägerin oder Patentanten zu finden. Organisatorisch und logistisch sind wir alle inzwischen gut eingespielt. Sofie freut sich auch immer über die Besuche von oder bei der Babysitterin und auf die Sonderbetreuung. Sie geht gerne dorthin, und auch die Babysitter bieten ihr immer etwas besonderes: mal Eisenbahn oder Bus fahren, Wasserspiele im Garten, Laub fegen, Hasen füttern u. v. m.

Heute hatten wir mal wieder einen organisatorischen Drahtseilakt zu vollbringen. Sofie schlafen legen, meine Schwägerin holt den Schlüssel bei den Nachbarn, beaufsichtigt das schlafende Kind und betreut es weiter, während ich Nora aus dem Kindergarten abhole. Von dort aus machen wir uns gleich auf den Weg zu einem Ärztediagnostik-Seminar. Das ist ein Extratermin, heute mal schnell eingeschoben, aber wir nehmen so etwas immer gerne mit, verzichten sogar auf den sonst so heiligen Mittagsschlaf. Danach ist noch Turnen bei Herrn M. angesagt.

Um 12.45 Uhr verlasse ich das Haus. Als wir uns alle um 16.30 Uhr wiedertreffen und ich mir erschöpft eine Tasse Tee koche, fragt mich mein Bruder, ob ich mich denn ein bisschen erholt hätte, schließlich hat ja seine Frau den ganzen Nachmittag auf mein zweites Kind aufgepasst. Ich bin wie vor den Kopf gestoßen. Den ganzen Nachmittag bin ich nur hin und her gehetzt, um alles zu schaffen. Ich bin angestrengt und fühle mich verletzt. Bin ich nur außergewöhnlich empfindlich? Liegen meine Nerven blank? Ist es sowieso ein Reizthema, auf das ich immer obersensibel reagiere? Die anderen Menschen meinen es gar nicht verletzend. Doch es kommt fast immer so bei mir an und trifft mich.

»Ihr Kind ist blind!«

Der Satz traf mich hammerhart. Ich war mit Nora im Buggy auf dem Weg zum therapeutischen Schwimmen im Winter. Eine alte Frau sprach mich in einem langen Gang der Städtischen Kliniken an. »Ihr Kind ist blind.« Da war es wieder. Der Schock der ersten Tage, als Nora noch auf der Intensivstation lag und wir noch gar nicht wußten, was werden würde und ob sie es überlebt.

Die Ärzte hatten berichtet, die Pupillen reagierten nicht auf Licht. Na gut, dachten wir, mit einem blinden Kind kann man leben. Wir lernen die Braille-Schrift, und Fühlen und Hören würden bedeutsamer werden. Wenn das doch nur die einzige Diagnose geblieben wäre.

»Ihr Kind ist blind«, sagte die alte Frau abermals zu mir, während ich mich in Gedanken verloren hatte. Ich wollte ihr nun entgegnen: »Gute Frau! Meine Tochter hat einen frühkindlichen Hirnschaden. Durch einen Sauerstoffmangel während der Geburt hat das Kind nun eine periventrikuläre Leukomalazie. Einige Teile des Hirns sind einfach grau – Matsch eben! Nora ist nicht blind! Sie trägt zwar eine Brille, doch blind ist sie nicht. Sie leidet an einer infantilen Cerebralparese. Sie hat eine Spastik. Ihre Arme und Beine haben einen erhöhten Tonus, so dass einem die Extremitäten ganz steif vorkommen. Es fällt mir z. B. schwer, Nora beim Pullover anziehen nicht die Arme zu brechen.«

Ich möchte weiterhin sagen: »Oh Mensch! Nora hat Mikrozephalie. Sie ist geistig behindert; kann nicht sitzen, nicht krabbeln, nicht stehen, nicht laufen. Sie spricht nicht; sagt nicht mal ›Mama‹. Oh, wäre sie nur blind, aber ansonsten ganz normal!« In Gedanken brülle ich die Frau aufgeregt an, weine, mache meinem ganzen Kummer Luft und bleibe weiterhin unendlich traurig über die Behinderung meiner Tochter. Doch in Wirklichkeit stehe ich immer noch im Flur, der alten Frau gegenüber. »Ihr Kind ist blind«, diesmal sagt sie es mit Nachdruck. Ich werde aus meinen Gedanken gerissen und sage: »Ja, ja.« Wie man das eben so tut, wenn es alte Menschen mal wieder besser wissen wollen. Ich gehe weiter. »Mein Kind hat alles andere, aber blind ist sie nicht«, denke ich. Da erst bemerke ich, dass Nora ihre Mütze über die Augen gerutscht ist.

Gestern Vormittag ist mir doch wieder was passiert. Ich war mit Sofie und Nora draußen. Wie üblich. Nora ist Rollstuhl gefahren, und Sofie hat den kleinen Leiterwagen gezogen. Wir sind bis vorne an die Ecke gelaufen und gerollt. Dort waren Gartenarbeiten im Gange, und man konnte zusehen, wie die Äste fielen. Ein anderer Nachbar schräg gegenüber dieses Gartens kam auf uns zu. Ich konnte es schon von weitem erkennen, dass er uns im Auge hatte.

Seine Absicht war wohl ganz passabel. Eigentlich wollte er mich fragen, ob ich eine Telefonnummer von einer Bekannten von ihm haben wolle, die eine Initiative für behinderte Kinder gegründet hat.

Doch der wirkliche Dialog brachte mich ziemlich auf die Palme:

»Ähm, äh, ich habe da was für sie, also vielleicht. Ich weiß ja nicht. Meine Bekannte hat auch ein behindertes Kind, na ja, leicht behindert.« Und mit einem Seitenblick auf Nora im Rollstuhl: »Oder ist ihre Tochter vielleicht nur lauffaul???«

»Ich glaube kaum, dass man im Rollstuhl sitzt, wenn man lauffaul ist.«

»Äh, ja, möglich, also meine Bekannte hat eine Initiative für leichtbehinderte Kinder in Frankfurt gegründet, damit diese auch in die normale Schule gehen können.«

»Naja, Nora fällt eher in den Bereich *umfassend behindert*, trotzdem vielen Dank.«

»Ich hole Ihnen die Adresse mal, Moment, vielleicht ist das ja was für sie.«

Er holt die Adresse, und während er mir das Stück Papier reicht, frage ich ihn, wie alt denn das behinderte Kind seiner Bekannten sei. Es habe gerade Abitur gemacht.

»Schönen Dank!! Dahin werden wir wohl nie kommen.«

»Ja, ja, (er nimmt mich gar nicht ernst!) rufen Sie erst mal an.«

»Auf Wiedersehen.«

So etwas habe ich noch nie erlebt. Ich bin auf 180 und habe auch sehr unwirsch reagiert. Aber das gibt es doch nicht: *Lauf-faul!!* Ich kann es immer noch nicht fassen.

Wir laufen, nein, rollen eine Runde um den Block und fahren dann wieder zurück nach Hause.

Sofie möchte nicht mehr ziehen. Sie möchte gezogen werden. An der nächsten Ecke treffen wir eine andere Nachbarin, eine ältere Frau.

»Ja, ja, schönes Wetter, viel zu tun im Garten.« Wir tauschen ein paar freundliche Sätze aus. Doch dann, und es trifft mich fast wie ein Schlag: »Wäre es nicht besser, die Kinder würden ein bisschen laufen, damit sie sich auch etwas bewegen!«

Gerade hatte ich meinen Adrenalinspiegel wieder etwas runtergefahren. Das gibt es doch nicht. Gleich zweimal hintereinander. Was ein Spruch! Ich bin diesmal nicht mal fähig, etwas zu entgegnen.

Noch einen Satz und ich schlage um mich.

Vor einiger Zeit haben andere Mütter aus dem Gesprächskreis von dem leidigen Thema der Einladung zum Kindergeburtstag berichtet. Heute kann ich auch etwas dazu beitragen. Auch wir »durften« jetzt diese Erfahrung machen. Bei uns war es zwar nicht die eigene Familie, aber irgendwie trifft es einen doch.

Anna hat im November Geburtstag. Dieses Jahr wird Anna sechs Jahre.

Nora hat im Dezember Geburtstag. Auch Nora wird dieses Jahr sechs Jahre alt. Anna ist die Tochter von einer Freundin. Anna ist also etwa einen Monat älter als Nora. Die beiden sind demnach fast gleich alt. Beide Mädchen kommen nächstes Jahr zur Schule. Man sollte also meinen, wenn wir, die Mütter, so gut befreundet sind, hätten die Kinder auch etwas miteinander zu tun. Vielleicht trifft man sich einfach auf eine Tasse Tee, plaudert so über dies und das, und die Kinder können zusammen spielen.

Wir wohnen im selben Stadtteil. Doch Nora ist behindert.

Anna besucht einen Kindergarten in Unterliederbach. Nora geht in eine integrative Einrichtung in der Innenstadt. Anna nimmt an der örtlichen Musikstunde teil. Nora besucht die Musikschule, die in ihrem Kindergarten angeboten wird. Anna geht zum Kinderturnen in der nahegelegenen Grundschule. Nora fährt zur Krankengymnastik ins Krankenhaus oder zum Rollstuhlsport in einem weiter entfernten Stadtteil.

Die beiden sehen sich recht wenig in ihrer Freizeit, denn Anna möchte nicht alleine vorbeikommen. Sie traut sich nicht. Nora hat gar nicht so viele freie Nachmittage durch die vielen Therapietermine. Ein Treffen findet sehr selten statt. Viel zu selten. Doch immer bekomme ich signalisiert, dass Nora Annas beste Freundin sei. Immer würde sie nach ihr fragen. Auch zu ihrem Kindergeburtstag soll Nora eingeladen werden. Wenn Anna mal vorbeikommt, zeigt sie Nora ihr Lieblingsstofftier. Wenn wir Anna besuchen, schauen wir uns bevorzugt das schöne Puppenbett an. Nora sei toll, hätte schon so große Fortschritte gemacht und hole das alles bestimmt noch auf. Nora sei voll akzeptiert.

Mein Eindruck ist ein anderer. Wir sehen uns alle selten und haben auch in den letzten sechs Jahren nicht hart genug daran gearbeitet, dies zu ändern. Der Zug ist bereits abgefahren. Anna kann mit Nora nichts anfangen. Sie weiß nicht einzuschätzen, wie sie mit ihr spielen kann. Nora ist doch noch wie ein Kleinkind.

Wie hätte ich mir gewünscht, dass die beiden einfach Freundinnen wären wie wir Erwachsenen auch. Vielleicht hätte man sich abwechseln können mit Treffen, mal hier, mal dort. Wenn es nicht wöchentlich geklappt hätte, dann vielleicht alle zwei oder vier Wochen. Eine Erleichterung, mal sein Kind abgeben zu können, und wenn es nur für ein paar Stunden ist. Die beiden hätten zusammen gespielt, mal in dem einen, mal in dem anderen Haushalt, und wären zusammen groß geworden. Anna hätte Noras Defizite gut einschätzen gelernt, und Nora hätte von den normalen Entwicklungsschritten Annas profitiert. Wie auch immer. So war es nicht.

Anna geht nachmittags mit ihrem Bruder in den Garten spielen oder besucht andere Kinder aus der Nachbarschaft, die mit ihr im Kindergarten sind. Anna hat viele Freunde, mit denen sie sich trifft.

Nora geht nachmittags immer noch schlafen und turnt täglich. Dann gibt es Termine wie Psychomotorik, Logopädie, Ergotherapie und Frühförderung. Ein Treffen mit anderen Kinder aus dem Kindergarten ist selten. Und wenn, dann müssen wir mit dem Auto dorthin fahren. Fast immer bin ich mit eingeladen, denn Nora alleine, das trauen sich einige nicht zu. Nora hat kaum Freunde, und Treffen gestalten sich als nicht so einfach.

Wenn nun Nora fünf Jahre lang zu Annas Kindergeburtstag eingeladen wurde, und ich war als Mutter auch mit eingeladen, dann schreibe ich das dem Einfluss der Eltern zu. Hochachtung. Gut gemacht. Auch wenn mir erzählt wird, dass es nur der Kinder Wille war.

Wenn sich nun zum sechsten Geburtstag etwas ändert, und wir nicht mehr eingeladen sind, dann muss ich mir doch Gedanken machen. Ist Nora jetzt nicht mehr die Freundin (die sie für meine Verhältnisse ja auch eigentlich nie war)? Oder legen die Eltern jetzt kein gutes Wort mehr für Nora ein?

Wer soll denn Nora dann zum Geburtstag einladen? Gute Freunde oder die Familie, die können so etwas auffangen. Von denen erwarte ich, dass sie sich Gedanken zum Thema machen. Von fremden Familien, auf die man wohl nur zufällig im Kindergarten oder in der Schule trifft, kann ich das wohl kaum verlangen.

Schade. Das war es dann wohl. Nächstes Jahr kommt Anna in die Grundschule, die nur ein paar Meter weiter unten in derselben Straße liegt, in der Annas Eltern wohnen. Nora wird wohl auf eine Sonderschule kommen. Weiter weg natürlich, mit einem Behindertentransport. Das war es dann wohl. Schade.

Gestern war ich mit meinen beiden Kindern beim Einkaufen. Es fing alles ganz harmlos an. Wir wollten nur schnell ein kleines Geburtstagsgeschenk für ein Nachbarkind besorgen und dann gemütlich ein Eis essen gehen. Julius liebt Rolltreppen. Also fahren wir erst einmal siebenundzwanzigmal mit der Rolltreppe hoch und wieder runter. Bis ich es allmählich wagen kann, ihn soweit abzulenken, dass er mir tatsächlich in die Spielwarenabteilung folgt. Dort angekommen wird alles in Augenschein genommen und an allen Regalen entlang geschlendert, nicht unbedingt in die vorgegebene Richtung, aber immerhin in Sichtweite. Das Verhängnis nahm seinen Lauf vor dem Barbie-Regal, als Paula mich in eine dieser üblichen Diskussionen verwickelt, welche Barbie denn nun auf ihre eigene Geburtstagswunschliste kommt, welches Kleid sie unbedingt jetzt gleich haben muss, und überhaupt, warum wir denn nicht alle Barbies, die sie noch nicht besitze, jetzt gleich kaufen könnten.

Langsam wurde ich nervös, denn ich merkte, so schnell war das hier nicht zu regeln. Julius hatte ich irgendwie aus den Augen verloren, dachte aber, dass er wahrscheinlich gleich wieder auftauchen würde. Tat er aber nicht. Und zu hören war auch nichts. Langsam beschlich mich ein ungutes Gefühl. Hatte ich ihm doch lediglich für zwei Minuten den Rücken gekehrt: weg war er. Paula war inzwischen sehr schlecht gelaunt, weil sie merkte, dass ich nicht bereit war, auch nur irgendeinen ihrer Wünsche zu erfüllen. Ich nahm sie auf meinen Arm und begann, erstmal zaghaft nach Julius zu rufen. Keine Reaktion. »Mama, wo ist der Julius hin?« Panik kroch in mir hoch. Da ich das Kaufhaus sehr gut kannte, wusste ich, wie viele Ausgänge es zur Straße gab, wie viele Treppenhäuser ins unübersichtliche Parkhaus führten, und gar nicht daran zu denken, was sonst noch alles passieren kann... »Mama, wo ist der Julius?« »Ich weiß es nicht, wir müssen ihn suchen.« Ich versuchte, mich und Paula zu beruhigen.

Er war aber nirgendwo zu finden. Hektisch rannte ich mit Paula auf dem Arm durch alle Abteilungen. Im Erdgeschoss bat ich dann eine Verkäuferin um Hilfe. Ich sagte ihr, ich hätte mein Kind verloren, was sofort ihr offensichtliches Missfallen erregte, und fragte sie, ob sie nicht eine Durchsage machen könne, damit ihre Kollegen bzw. andere Kunden nach ihm Ausschau halten könnten. Ich beschrieb ihr, wie er aussah, dass er eine Brille trug, wie er gekleidet war, und erklärte ihr, dass er nicht sprechen könne. »Wie, der kann nicht sprechen? Wie alt ist er denn?«, fragte sie mich. »Er ist sechs Jahre alt. Aber er kann nur sehr wenig bzw. für fremde Personen nur sehr unverständlich sprechen.« Verdutzt schaute sie mich an, als wäre ihr so was Komisches noch nie untergekommen. Ein Kind mit sechs Jahren, das zwar weglaufen kann, aber nicht spricht. Offensichtlich fehlte ihr hier jegliche Phantasie. Ich sah mich jedoch in dieser Situation nicht imstande, ihr auf die Sprünge zu helfen, und erklärte weiter nichts, sondern wies eindringlich darauf hin, dass ich Hilfe brauchte. Und zwar jetzt gleich.

Ich rannte weiter, inzwischen mit einer ebenfalls panischen und laut weinenden Paula auf dem Arm (»... mein armer Bruder ... Wo ist mein Julius ...?«). Es war wirklich grauenvoll, denn vor meinem inneren Auge lief ein Film ab vom Sturz im Treppenhaus, Unfall auf der Straße bis hin zur Kindesentführung. Ich gebe zu, ich bin für solche Situationen viel zu uncool und verliere total die Nerven.

«Herr Julius Schmid soll sich bitte in der Miederwarenabteilung melden!«, kam nun »unsere« Durchsage über die kaufhauseigene Lautsprecheranlage. Abrupt blieb ich stehen und traute meinen Ohren nicht. Noch einmal hieß es: »Herr Julius Schmid soll sich bitte in der Miederwarenabteilung melden.« Das durfte doch nicht wahr sein. Das war nun wirklich Situationskomik, und beinahe hätte ich sogar darüber gelacht, wenn da nicht mein gestiegener Adrenalinspiegel und meine plärrende Tochter auf meinem Arm gewesen wären. Inzwischen waren bestimmt zwanzig Minuten vergangen, und ich wollte mich gerade dem Fahrstuhl zuwenden, denn eben war mir klar geworden, dass das der wahrscheinlichste Ort war, an dem er sich länger aufhalten würde, da kam mir eine strahlende Kaufhausangestellte entgegen. Auf dem Arm hatte sie mein Kind. »Suchen Sie vielleicht den hier?«, fragte sie mich strahlend und mit einem wissenden Lächeln. Nie war ich so erleichtert. Er war tatsächlich die ganze Zeit mit dem Fahrstuhl hoch und runter gefahren und der Dame aufgefallen. Neben Rolltreppen sind Fahrstühle geradezu magnetisch für ihn. Dankbar nahm ich ihn in Empfang und fuhr schleunigst nach Hause.

Sicherlich werden viele sagen, na ja, solche Geschichten passieren. Kinder laufen nun mal weg. Aber nicht mehr in diesem Alter und nicht bis zum 10. Lebensjahr oder darüber hinaus, so dass man eigentlich immer zu zweit sein muss, sobald noch ein weiteres Kind dabei ist bzw. ständig auf der Hut und wachsam sein muss, jedenfalls mehr als bei anderen Kindern. Ich finde das total anstrengend und weiß, dass nicht wenige Leute, denen ich den Umgang mit Julius erkläre und darauf hinweise, dass eine gewisse Weglauftendenz vorhanden ist, sie davon abhalten, ihn mitzunehmen. Wer will schon ein fremdes Kind verlieren, ist ja auch verständlich. Wir hoffen, dass dieses Weglaufen sich mit zunehmendem Alter verliert (dies bestätigen mir hoffnungsvoll Freunde, die ältere Kinder mit Down Syndrom haben), und wir auch mal entspannt durch die Innenstädte schlendern können. Bis dahin jedoch meiden wir solche unübersichtlichen Orte, wann immer es geht.

Die Sache mit der Miederwarenabteilung ist natürlich die Lachnummer für die nächsten paar Wochen gewesen.

Man sagt, dass schon das Loswerden und Aufschreiben entlasten. Gut, ich mach mir jetzt also Luft, bin aber Realistin genug und weiß, dass sich unser Problem nicht dadurch löst. Grob gesagt: *Marvin nervt*! Er schreit lautstark, teils 30 Minuten am Stück, zieht seine Beine an, verdreht den rechten Arm und die Schulter, und das ziemlich oft am Tag. Besonders, wenn wir ihn in seinen neuen, seiner individuellen Körperform angepaßten Buggy setzen, startet diese Aktion. Er scheint den eingebauten Abduktionskeil nicht zu mögen, der aber wichtig ist für seine Haltung. Marvins Krankengymnastinnen suchen die Ursache, indem sie ihn durchbewegen. Außer einer teilweisen Verspannung, die er sonst aber auch hat, finden sie nichts. Zum Glück, denn eine weiter herausgleitende linke Hüfte können wir eigentlich alle nicht »gebrauchen«. Doch er schreit so, als ob er Schmerzen hätte – sogar Tränen kommen! Ich trau mich kaum noch, ihn anzufassen, egal ob am rechten Fuß oder an den Knien; habe Angst, ihn hochzuheben. Ich bin total angespannt und wage selten, eine Lageveränderung an ihm vorzunehmen, teste jeweils die Gliedmaßen durch, versuche, den Krankengymnastinnenblick draufzuhaben.

Es könnte aber auch sein: Marvin schreit aus Trotz und Zorn und will nur nicht so in seinem Buggy »eingeengt« sein. Natürlich liegt er lieber in seiner verdrehten Art und mag Haltungskorrekturen überhaupt nicht. Auch das Gefordert-Werden, was ja anstrengend ist, mag er nur bedingt bis selten. Jetzt sollte also die Erziehung ansetzen!! Also darf ich ihn nicht herausnehmen, weil er ja gerade dieses mit seinem Dickkopf bewirken will! Toll, da unterstelle ich ihm aber ziemlich viel an geistiger Verarbeitung und Vernunft. Sollten wir uns doch freuen, wenn Marvin so klug ist!? Stark zu bleiben und sich sein Jammern über Viertelstunden anzuhören, immer in Gedanken, was es vielleicht diesmal sein könnte und was noch nicht untersucht wurde, verlangt viel Energie! Sind es vielleicht die Backenzähne, die noch immer nicht durch sind?

Ich werde nervös, die Schreie schmerzen in den Ohren. Ich bin keine Maschine, die konsequent funktioniert. Ich reagiere total gereizt, wenn teilnahmsvolle Personen fragen: »Was hat er denn?« Oder auch wenn J. ihm Rationalität oder eine gewisse Böswilligkeit unterstellt. Mit Marvin kann man eben nicht so umgehen wie mit einem verständigen Gleichaltrigen. Dann wiederum denke ich mir: Naja, andere Kinder schreien auch und haben ihre Trotzphasen, Probleme, Krankheiten und Absonderlichkeiten. Da muß man halt durch!

Aber unser Kind ist mit seinen elf Jahren immer noch Baby!!

Das Normale wäre, ein Kind mit elf Jahren geht eigenständig zur Schule, besucht Freunde, macht Termine aus, stellt komplexe Fragen, versteht einen großen Teil der »engeren Welt«, besucht die Großeltern per Bahn, ist im Sportverein und hat eigene Ideen und trägt Verantwortung.

Unser Marvin kann sich nicht verständlich machen. Er schreit und schreit und ist vielleicht zu Recht sauer, wenn wir ihn nicht verstehen und J. ausruft: »Lern gefälligst sprechen, wenn du was von uns willst!« Das gibt mir wieder einen Stich ins Herz, und ich frage mich zum zigtausendsten Mal: »Wieso gerade wir? Was haben wir falsch gemacht? Wieso hat unser Kind das verdient?« Ich ertappe mich bei dem Gedanken: Wie war das mit der Lebenserwartung? Was wäre, wenn wir nie den Kinderwunsch gehabt hätten? Wie anders wäre es mit einem gesunden Kind! Gut, wir hätten andere Probleme, vielleicht nicht so tiefgreifende wie in unserer Situation. Jedem ist sein Problem das nächste und wichtigste, aber ich hätte gern ein paar andere, die sich besser lösen lassen oder die sich mit der Zeit einfach von selbst lösen. Schimpfworte im Kindergarten? Stattdessen grübele ich nach, was um Himmels willen Marvin zu diesen großen Schreiaktionen bewegt, wer noch helfen kann. Welcher Arzt? Welcher Therapeut? Wieso ist Marvin seit den letzten Wochen so unausgeglichen?

Auch die Betreuer in der Schule blicken nicht mehr durch, versuchen konsequent zu sein und sagen, dass er schon früher, wenn er gefordert wurde, erst kurz überlegen musste, ob er mitmachen will oder nicht. Diese Unausgeglichenheit dürfte auch den »Professionellen« sehr zu schaffen machen. Aber die haben ja irgendwann Feierabend und können am nächsten Tag mit neuem Elan wieder anfangen. Unser Wochenende ist momentan sehr angespannt, weil nichts mehr geplant werden kann ohne die Angst, dass Marvin wieder losschreit. Kein Spaziergang, kein Besuch, lieber zu Hause bleiben und ihn notfalls ins Bett legen. Es scheint sich alles um Marvin zu drehen.

J. nimmt sich Auszeiten, geht Joggen oder hoch ins Büro. Ich fahre einkaufen oder besuche kurz Nachbarn, aber gemeinsam? Jeder arbeitet nur den Dienst am Kind ab, und ich bin so gereizt, weil ich nichts Anderes mehr schaffe am Wochenende.

Sollte ich mir da wirklich noch regelmäßige Verpflichtungen zulegen? Ich brauche Erholungsphasen! Hoffentlich hört das Geschrei auf! Was ist es? Wo können wir noch Lösungen finden? Arzt fragen! EEG machen lassen! Ob er schreit, weil ihn Krämpfe nerven? Jedenfalls nervt diese Ungewissheit zusätzlich zu der Schreisituation! Ich könnte ihm echt mal »eine hauen«, obwohl man ja Kinder nicht schlagen soll und Pflegefälle Stufe 3 sowieso nicht, aber wer kann mich beruhigen? Wer bietet mir Lösungen an? Wo kann ich unterschlupfen? Wer hilft mir? Jemand, der unseren Marvin wieder nett und ausgeglichen zum »friedlichen Zeitgenossen« macht? Oder sowieso ganz »normal«! Darf ich mir das wünschen?

Recaro sportlich
geländegängig aufgebockt
mantamäßig gestylt
Kevin an Bord
Z 3 topless
Hochhackig in rotem Metall,
sogar der smarte Sixpack

drücken sich bis an den Eingang heran,
schmiegen sich gekonnt in die Lücke
des überbreiten Platzes.
Einparken so easy wie nie!

Suchend drehe ich meine Runden
zweimal, dreimal
überlege wohin noch?
Eigentlich ist alles bestens arrangiert,
vorm Arzt, vor der Apotheke, der Post,
sogar Ikea & Co wollen mitmachen,
müssen wahrscheinlich,
wie die Öffentlichen...

doch
es regnet,
irgendwie hat man's mal wieder eilig,
nur zwei Minuten, was soll's, nur mal eben,
oh, hab' ich gar nicht gesehen:
Ausreden, auf der Zunge parat
Wohlüberlegtes dahin geschmissen,
Kavaliersdelikt!
Kann doch mal passieren,
oje, natürlich, ich verstehe,
kommt nicht mehr vor
bis zum nächsten Streß im Nieselregen!

Man findet ja sonst nichts, nur so weit weg
und das Louis-Vitton-Täschchen
wiegt genau so wie die Tüte vom Jäger Hertie – viel!
Und selbst sportliche Füße der Herren
wollen nicht mehr meilenweit gehen
für was auch immer.

Wir waren gestern in Heidelberg in der Uniklinik auf Anraten der behandelnden Logopädin, um uns noch einmal eingehend von den dortigen Fachärzten beraten zu lassen, ob die operierte Gaumenspalte bei unserem Sohn ein weiteres Mal operiert werden muss, ob seine Sprachentwicklungsstörung überhaupt damit in Zusammenhang steht oder ob wir evtl. noch andere Therapiewege einschlagen müssen, um ihm in dieser Hinsicht weiter zu helfen.

Nach einer Odyssee durch den Uniklinik-Bezirk, dem Durchfragen beim Informationsschalter und dem Schlange-Stehen bei der Anmeldung haben wir es tatsächlich in die »Spaltsprechstunde« geschafft. Umgeben von sieben(!) Ärzten wurde unser Kind also ein weiteres Mal begutachtet. Gemacht hat niemand was. Nur angeschaut haben ihn alle. Er saß eingeschüchtert zwischen diesen vielen weißen Kitteln und drehte sich hilfesuchend nach uns um.

Es kam zunächst heraus, dass mittels einer »Nasopharyngoskopie« festgestellt werden soll, ob der Abschluss im Rachen gewährleistet ist oder nicht. Das könne aber nicht am selben Tag gemacht werden, nein, da bekämen wir einen neuen Termin in etwa sechs Wochen. Das war schon wieder eine echte Zumutung, waren wir doch aus Frankfurt angereist, um so viel und so gut wie möglich »voran« zu kommen. Aber Flexibilität von seiten eines straff durchorganisierten Krankenhausbetriebes darf man offensichtlich nicht erwarten. Da werden auch keine Ausnahmen gemacht.

Eine »Nasopharyngoskopie« ist eine Untersuchung mit einer winzigen Kamera, die an einem Schlauch durch die Nase in den Rachenraum geschoben wird. Dort filmt sie und zeichnet auf Video auf, ob das Velum (= Gaumensegel) beim Sprechen abschließt oder nicht. Das ganze geschieht ohne Narkose, da der Patient während der Untersuchung mitarbeiten muss, d. h. Wörter nachsprechen muss.

»Ist Ihr Kind auch kooperativ?«, wurden wir gefragt, was so viel hieß wie: wird er sich das denn gefallen lassen? Nicht zu schreien und zu toben und tatsächlich in der Lage zu sein, nachdem wir ihm diesen Schlauch durch die Nase geschoben haben, ruhig zu bleiben und brav Wörter nachsprechen. Ich war ganz irritiert. Ich konnte noch nicht einmal für mich sagen, ob ich in solch einer Situation (Schlauch in der Nase etc.) noch würde »kooperativ« sein können, geschweige denn ein Kind von acht Jahren – egal ob mit oder ohne Behinderung.

Ob sie Kopien haben könnten von den Entwicklungsberichten und ob wir denn nicht auch regelmäßig Intelligenztests machen lassen, denn man müsse ja schließlich wissen, wo das Kind »steht«. Wieder war ich ganz geplättet von diesen Fragen. Da saß mein Kind, topfit, gesund, verständig, auf Fragen antwortend, kurzum mit mustergültigem Verhalten, und ich werde gefragt, ob wir denn nicht regelmäßig die »notwendigen Tests« mit ihm durchführen lassen. Was erlauben sich die Ärzte da eigentlich mit uns? Wie können wir deren Defizit-Blick auf unser Kind abwenden? Ich antwortete, wir würden es vorziehen, an den Stärken zu arbeiten, und würden uns die sich regelmäßig einstellende Frustration nach solcherlei Untersuchungen im Sozial-Pädiatrischen-Zentrum, die wir eine zeitlang tatsächlich über uns und unserem Kind haben ergehen lassen, nicht mehr antun, wo uns ja doch nur aufgezeigt würde, was Julius im Vergleich zur »Norm« alles nicht kann. Gegenüber so viel geballter Wissenschaft war so eine Aussage natürlich ein Unding und stieß gänzlich auf Unverständnis.

Als wir den langen Heimweg antraten, hatten wir das ungute Gefühl, einen schönen Tag vergeudet zu haben.

Heute war ich mit Nora und Sofie in einem Krabbelgottesdienst in unserer Kirche. Ich habe viele Leute getroffen.

Interessant waren aber nur die Drillinge. Sie haben auch im Dezember Geburtstag und lagen mit Nora zusammen auf der Frühchenstation. Sie waren so klein und zerbrechlich. Es war immer auch eine Frage, ob sie durchkommen werden. Ich weiß es nicht mehr so ganz genau, aber es war alles sehr spannend, und ich habe oft mit der Mutter zusammen ein paar Tränen vergossen.

Heute saßen die drei quietschvergnügt auf ihren Stühlen. Sie sind groß geworden, haben ihre oberen Schneidezähne verloren und gehen am Montag zur Schulvorstellung in die ortsansässige Grundschule. Klar gehen sie dorthin. Keine Frage. Die sind ganz normal!

Die Drillingsmutter fragte mich, auf welche Schule Nora gehen wird. Naja, das sei nicht so einfach, erklärte ich ihr.

Wieso? Nora sei behindert, muss ich erklären und habe gar keine Lust darauf.

Ich kann nur noch denken, diese Drillinge sind ganz normal! Mir kommen die Tränen.

Einladung

Wie oft haben wir schon über Freundschaften, Einladungen und besonders Geburtstagseinladungen gesprochen. Hier zeigt sich einfach ganz offen, wem unsere Kinder etwas bedeuten, und eins ist inzwischen auch klar: Für uns sind solche Einladungen und Freundschaften unendlich wichtig, die andere Seite kann dagegen die Bedeutung für uns oft gar nicht ermessen.

Ich weiß noch, als meine Nichte drei Jahre wurde: Meine Schwester erzählte mir ganz beiläufig, dass sie neben dem Familien-Kaffeetrinken zwei oder drei kleine Mädchen einlade und eine Mini-Geburtstagsfeier plane. Katharina war nicht eingeladen! Ich war wie vor den Kopf geschlagen: Wenn Katharina nicht im engsten Familienkreis dabei sein kann, wie kann ich dann erwarten, dass sie von anderen eingeladen wird? Dass sie später nicht mit ihren Cousinen ins Kino oder in die Disco geht, ist klar, aber wieso kann sie bei einer Kinderfeier nicht mitfeiern? Ich habe meine Schwester sofort darauf angesprochen, und sie war irritiert und auch irgendwie peinlich berührt. An Katharina hatte sie überhaupt nicht gedacht! Wie gibt's denn so was?

Ach, da war es wieder, dieses kalte, ungute Gefühl, das man körperlich spürt und das hilflos und wütend macht. Auch noch etwas anderes kommt hinzu: Sicher mag Katharina Kinder und findet Halli-Galli gut. Aber sie kann weder bei Spielen alleine mitmachen, noch hat sie die Konzentration, dem Spiel der anderen zu folgen. Sie ist glücklich dabei zu sein, macht aber ihr eigenes Programm, indem sie z. B. die neuen unbekannten Spielsachen oder interessante Kabel (!) untersucht. Katharina braucht also jemand, der sich um sie kümmert, sie ins Spiel integriert, sie aber auch – wenn es ihr zu viel wird oder sie keinen Spaß daran hat – in Ruhe lässt und ihr eine Auszeit gönnt.

Niemals wäre ich daher davon ausgegangen, Katharina alleine auf eine Feier zu schicken. Natürlich wäre ich immer mitgekommen, um sie dort zu betreuen. Ich versuchte, das alles meiner Schwester klarzumachen, und ein paar Tage Sendepause folgten. Bis zu einer zufriedenstellenden Klärung für mich hat es aber noch eine Weile gedauert.

Inzwischen hatte Katharina im Kindergarten ein bisschen Fuß gefasst, und es kristallisierten sich ein, zwei Kinder heraus, die Katharina besonders mochten. Ich habe mich sehr gefreut, als Katharina ihre erste Einladung bekam. Voller Stolz erzählte ich es und hatte natürlich auf mehr Begeisterung meines Umfeldes gehofft. Ich wollte einfach, dass meine Familie versteht, warum eine Kindereinladung so wichtig für mich ist. Dieses Stück Normalität ist einfach nicht normal für uns und bekommt deswegen auch so eine große Bedeutung. Nicht direkt Betroffene, auch direkte Verwandte konnten das nicht ohne weitere Erklärungen verstehen. Überhaupt muss immer alles erklärt werden, was sehr anstrengend ist.

Bei unserer Verabredung war dann Oliver auch dabei und ist mit dem Sohn des Hauses im Kinderzimmer verschwunden. Obwohl sich die beiden nicht kannten, haben sie zwei Stunden gut zusammen gespielt.

Bei den Mädchen sah die Sache etwas anders aus: Die Kinder konnte man nicht alleine lassen, also haben die Mutter und ich mit im Kinderzimmer gespielt. Ich war sehr darauf bedacht, dass Katharina keine Sachen zerbeißt oder kaputtmacht, und habe ihr deshalb auch immer wieder Dinge weggenommen. Was für ein Stress! Überdeutlich zeigte sich, dass kleine vierjährige Mädchen schon mit kleinsten Teilen spielen können, während Katharina in diesem Alter noch die Babyspielsachen am interessantesten fand. Der Kindergartenfreundin von Katharina schien es auch langsam langweilig zu werden, weil Katharina vor lauter fremder Umgebung und Spielsachen sich gar nicht für sie zu interessieren schien und ein gemeinsames Spiel nicht möglich war. Also versuchte ich, zwischen den Kindern zu vermitteln, und wir fingen an, Arzt zu spielen. Katharina wurde verarztet, ich war die Mutter, die gesagt hat, was ihrem Kind fehlt und das Mädchen war die Ärztin. Die andere Mutter schaute uns zu.

Ich empfand diesen Nachmittag als anstrengend und trotzdem schön. Anstrengend für Katharina, weil die fremde Umgebung für sie nicht »sicher genug« war und sie ständig »überwacht« werden musste. Anstrengend für mich, weil ich es allen recht machen wollte: Die Mädchen sollten schön zusammen spielen, es sollte nichts kaputtgehen durch uns, Katharina sollte einen »guten Eindruck« hinterlassen. Die andere Mutter war dabei in der Beobachterrolle und fühlte sich für Katharina nicht zuständig. Trotzdem war es schön, dass dieses gemeinsame Treffen stattgefunden hat. Ich fing an zu überlegen: War es das wert, sich für solche Nachmittage einzusetzen und dafür quer durch die Stadt zu fahren? Hatten wir es nicht streßfreier zu Hause oder auf dem Spielplatz bei uns um die Ecke? Und wie fand es Katharina? Für Katharina waren sicherlich die Verabredungen am schönsten, bei denen sich die Kinder und auch die

Erwachsenen auf sie eingelassen haben. Diese Verabredungen gab es auch und waren die entspanntesten für uns.

Katharina hatte bald im Kindergarten eine richtige Freundin gefunden, die sie so mochte wie sie war und sich auch im Spiel auf sie eingelassen hat. Ich fand es immer rührend, diese beiden Mädchen zusammen zu sehen, und für die Mutter war es keine Frage, mit Katharina eine Runde zu laufen, mit ihr zu spielen oder sie im Schwimmbad durchs Wasser zu ziehen. Oder muss ich hier erwähnen, dass Katharinas Freundin selbst behindert ist und die Mutter einfach wusste, worauf es ankommt? Dieses Miteinander hat natürlich etwas mit Sympathie zu tun, aber auch mit Engagement und Mitgefühl.

Neben einigen frustrierenden Erlebnissen im Kindergarten haben wir auch viel Überraschendes und Schönes erfahren. Geburtstagseinladungen, die ausdrücklich nur an Katharina gerichtet waren und nicht an mich. Ich konnte es nicht glauben, wie wollen die das denn schaffen? Katharina braucht eigentlich eine 1 : 1-Betreuung – und dann auch noch ein Fest mit vielen Kindern. Doch es hat immer sehr gut geklappt. Es war toll, dass bei der einen Feier extra die Oma für Katharina engagiert wurde und ich zum Einkaufen weggeschickt worden bin. Oder dass Katharina bei der anderen Feier einfach »mitgelaufen« ist, und wenn sie nicht mehr wollte, hat sie halt ihre Auszeit bekommen. Dass es also doch ging, war für mich unheimlich schön zu sehen.

Es war wieder eine Frage von Loslassen, aber auch von Zutrauen in die anderen. Ich habe gelernt, dass »Locker-Sein« in Bezug auf Katharina nur uns allen gut tun kann. Die Kinder hatten dabei die wenigsten Schwierigkeiten. Es waren die Eltern, die Berührungsängste hatten, die sich nicht trauten, Katharina richtig anzufassen oder ihr auch einmal etwas wegzunehmen. Ich hatte einfach auch keine Kraft und keine Lust, den Integrationshelfer für diese Eltern zu spielen. So bewegten wir uns in der Kindergartenzeit in einem kleinen Freundeskreis, der aber Bestand hat und mir wichtig ist. Meiner Schwester erzählte ich in unserem ersten Kindergartenjahr immer mal wieder die ein oder andere Begebenheit. Ich empörte mich bei ihr über nicht ausgesprochene Einladungen in anderen Familien an behinderte Kinder. Sie hörte mir zu und regte sich mit mir auf. Ein Jahr später wurde Katharina wie selbstverständlich zum nächsten Kindergeburtstag meiner Nichte eingeladen – ohne mich. Dafür hatte meine Schwester unsere Mutter organisiert. Die konnte nicht ganz verstehen warum, aber ich freute mich sehr!

Die Polizei, dein Freund und Sucher

Es ist also passiert. Unser erster Polizeieinsatz, es musste irgendwann geschehen, und dabei sind wir noch gut davon gekommen. Samstags morgens in der Innenstadt in der Fußgängerzone war Julius auf einmal verschwunden. Ich war nicht dabei, das war gut so. Ich wäre gestorben vor Angst. Mein Mann war mit den Kindern unterwegs. Im Buchladen mal kurz nicht aufgepasst, und schon war Julius aus der Tür und nicht mehr zu sehen. Nachdem er eine Weile selbst nach ihm gesucht hatte, wurde er von Panik gepackt und hat die Polizei alarmiert, die wenige Minuten später zum verabredeten Treffpunkt mit drei Wagen angebraust kam. Nach kurzer Absprache mit der Einsatzleiterin sollte die Suchaktion beginnen. Da kam jedoch ein Passant herangehastet, der meinen Mann fragte, ob er seinen Sohn suche. Er und seine Frau hatten ihn vorhin mit den Kindern im Buchladen beobachtet und sich später gewundert, dass der kleine Junge plötzlich ganz alleine auf der Straße herumlief. Sie hätten ihn aufgehalten, und seine Frau stehe jetzt mit Julius vorne an der Apotheke. Unendlich erleichtert, aber zugleich auch voller Schamgefühl gegenüber der Polizeitruppe nahm mein Mann Julius wieder in Empfang. Dieser hat sich mit schmachvoll gesenktem Kopf den Polizisten genähert. Was für eine peinliche Situation.

Doch die Polizistin wies ausdrücklich darauf hin, dass es in jedem Fall richtig war, sie zu alarmieren, und dass wir es jederzeit wieder tun sollten. Kinder werden entweder in der ersten halben Stunde nach dem Verschwinden gefunden oder aber die Chancen würden immer schlechter, und außerdem sei es doch wirklich besser, das Kind ist wieder da, als wenn die Polizei es hätte suchen müssen. Mein Mann habe alles richtig gemacht, denn für solche Fälle ist die Polizei ja schließlich gerüstet. Nachdem die Aufregung vorüber ist, sind wir sehr froh zu wissen, dass es erstens doch noch Mitmenschen gibt, die aufpassen, und zweitens die Polizei nicht der letzte, sondern durchaus der erste »Ausweg« aus solch einer Situation sein kann. Ich gehe nämlich stark davon aus, dass dies nicht das letzte Mal war, dass wir sie brauchen werden.

Ich spreche Deutsch und Englisch, doch wer spricht Nora-isch?

Wenn ich Noras Situation aus meiner Sicht betrachte, dann würde ich die ganze Zeit nur weinen.

Schaut man die Welt aus Noras Augen an, dann sieht man eine schöne und glückliche Welt. Nora hat mit ihrer Behinderung kein Problem.

Es sind immer nur die anderen, die damit Schwierigkeiten haben.

»Das arme Mädchen«, sagen Bekannte oft und tragen Nora in der Wohnung spazieren.

Unsere Nachbarn verstehen Noras Sprache zum Beispiel nicht so gut. »Was hat sie gesagt?«, werde ich häufig gefragt. Dabei kann man Nora ganz gut verstehen, wenn man sich ein bisschen reinhört. Voraussetzung dafür ist allerdings, dass man das möchte. Viele gehen einer Andersartigkeit jeglicher Art lieber aus dem Weg. »Behindert« nennt man diese Personen. Fragt sich, wer hier wen behindert? Oder wer hier wen an was hindert?

»Minusválidos« heißt das im Spanischen, was so viel bedeutet wie »minderwertig«. Sind diese Menschen eben Menschen, die es weniger oder nicht wert sind zu leben?

Dann lobe ich mir doch die englische Sprache, die diese Personen als »handicapped« bezeichnet. Das Leben ist schon lebenswert, nur eben mit kleinen, manchmal auch größeren Hindernissen.

Auch »disabled« ist so ein Begriff, der mir eher negativ auffällt. »Unfähig«? Nora ist im Rahmen ihrer Möglichkeiten sehr fähig. Klar, das klappt nicht alles so gut wie bei mir, und vor allem im feinmotorischen Bereich gibt es große Defizite.

So machen wir, die Nichtbehinderten, uns Gedanken, wie die beste Bezeichnung für diejenigen ist, die von uns inzwischen liebevoller benannt werden als Spezialkinder, I-Kinder, berühmte oder besondere Kinder.

Nora indes ist das ganz egal. Sie ist einfach so, wie sie ist. Eben ganz »normal«.

Es ist das »Mama-Ding«. Ein Machtkampf zwischen uns zwei? Oder doch nur Hilflosigkeit? Nora, das arme kleine behinderte Würstchen – ich übertreibe –, was kann sie denn schon *alleine*? Selbstbestimmt leben, ja, das wäre schön!

Hausschuhe anziehen – alleine: geht nicht. Einfach mal die Wohnzimmertür aufmachen und hoch ins Kinderzimmer zum Spielen gehen – alleine: geht nicht. Ins Auto einsteigen und selber anschnallen – alleine: geht nicht. Jacke und Schuhe anziehen und dann draußen spielen gehen – alleine: geht nicht. Etwas zu trinken holen und eingießen – alleine: geht nicht. Mama hilft dabei und Mama ist immer da!

Ich bestimme, wann es auf die Toilette geht. Wir gehen etwa sechs Mal am Tag. Nora hilft mit, so gut es geht, aber sie ist unsicher, wackelig. »Du nicht loslass«, fordert sie. Natürlich lasse ich sie nicht los und von der Toilette fallen. »Kommt nicht«, sagt sie sofort, wenn sie sitzt. Ist ja schön, dass sie das sagt, aber kann sie dem Pipi erst mal eine Chance geben? »Wir warten noch ein bisschen.« Das bestimme ich. »Ich runter«, »aufstehen«, fordert sie. Manchmal zu recht. Manchmal kommt doch Pipi.

Ich plane unsere Nachmittage. Wann findet Therapie statt, wann ein Treffen mit anderen Kindern. Ist Nora tatsächlich irgendwo alleine eingeladen (das kommt selten genug vor), ergibt sich folgende Abholsituation: »Ich hierbleib, ich nicht Hause gehen.« Ein Riesendrama. Ich finde es auch schön, dass es ihr gefallen hat. Vielleicht ist dies sogar eine normale Reaktion, die andere Kinder auch zeigen, wenn das Spiel fertig sein soll. Doch mich macht es geradezu fertig. Nora schreit und tobt. Dann schlägt sie sich auf den Kopf und macht sich steif. Sie spult sprachlich all das ab, was sonst eine große Wirkung hat: «Aua«, »Kacki kommt«, »Mama, hör auf!« Wenn der Nachhauseweg eine Stunde dauert, dann macht sie das eine Stunde lang!

Hausaufgabenbetreuung ist auch so ein Thema. Ja, werden andere Eltern sagen, das kennen wir auch. Aber es geht nicht nur darum, dass ich im Raum anwesend sein muss, um das Ganze zu beaufsichtigen, oder mit am Tisch sitze und ab und zu schaue, ob sie es richtig macht. Ranzen öffnen, Stift rausholen, Klebestift aufmachen, Schnipsel ausschneiden und aufkleben geht nur *mit* meiner tatkräftigen Unterstützung.

Es ist gar nicht so viel, was ich helfe, aber immerhin doch genug, so dass meine helfende Hand sie ständig begleitet.

Ich übe und spreche mit ihr den ganzen Tag und habe ein schlechtes Gewissen, tun wir mal weniger. Nora ist mit so wenig zufrieden: eine Puppe, mit der sie spielen kann, ein Stofftier, das mit ihr schmust, ein Buch, in dem sie ungestört blättern darf, ein Tuch, das sie endlos knautschen kann. Eins davon genügt ihr schon, um sich stundenlang zu beschäftigen. Sie fordert nicht: Lies mir vor oder ich will malen.

Ich komme mir schäbig vor, lasse ich sie einfach so, den ganzen Nachmittag über frei spielen. Wo ist da die Förderung?

Dann kommt das Zubettgehen. Klar, auch das kennen andere Eltern von ihren nicht behinderten Kindern. »Ich will nicht schlafen«, ein ganz üblicher Ausspruch. Vielleicht wäre es auch alles gar nicht so schlimm, hätten wir nicht im letzten Urlaub festgestellt, dass Nora wunderbar und friedlich neben Sofie ein- und durchschlafen *kann*. Von Mai bis Silvester hatte ich den Himmel auf Erden, konnte in Ruhe meinen Abend genießen und auch noch durchschlafen.

Heute ist es leider anders. Nora möchte nicht alleine schlafen. Sofie ist ihr aber nicht genug. »Mama, du neben mir schlaf«, fordert sie. Aber das möchte ich nicht. Nora soll allein in ihrem Bett schlafen. Nach unserem Abendritual lasse ich sie allein zurück und Nora schreit. Sie tobt geradezu. Sie weint bitterlich. So geht das manchmal bis zu anderthalb Stunden, bis sie erschöpft und kraftlos einschläft. Das Geschrei macht mich fertig. Nora ist gut versorgt und müde, es ist Zeit zum Schlafen. Ich gehe meist auch nur noch einmal hin, denn mit jedem Beruhigungsversuch geht das Geschrei erneut los. Ich versuche konsequent zu sein. Ich signalisiere ihr, ich bin unten in der Küche. Es ist alles o.k. Doch Nora braucht irgendwie die Gewissheit, dass wir in der Nähe sind; etwa alle drei bis vier Stunden. Geht sie um 20.00 Uhr ins Bett, so wacht sie um 0.00 Uhr und um 4.00 Uhr erneut auf. Auch ein Schlaflager neben unserem Ehebett reicht für sie nicht als Bestätigung. Sogar wenn wir neben ihr liegen, wacht sie auf und schreit: »Mama.«

Vielleicht wäre das alles nicht so schlimm und erträglich. Aber im Moment habe ich den Eindruck, sie frisst mich auf. Mama, komm her! Tagsüber wie nachts.

Und ich bin immer da!

Kapitel 7

Geschwister

GESCHWISTERSORGE

Felix ging mit drei Jahren und einem Monat das erste Mal in den Kindergarten, für ihn eine logische Folge, da erstens die Sommerferien vorbei waren und zweitens er jetzt ja auch schon groß ist, weil er hin und wieder mal aufs Klo geht. Die Eingewöhnungszeit, wie sich das die Erzieherinnen wünschten, fiel aus: Er ist groß und bleibt auch wie Nina den ganzen Tag. Dann aber am dritten Tag schien es Felix doch zu viel zu werden. Er war nicht zu beruhigen, nachdem er eine Kollision mit der Tür hatte und furchtbar viel Aua am Kopf. Eine der Erzieherinnen lief sofort los, eine Kühlpackung zu holen. Bis sie wieder da war, hatte Nina bereits ihren Bruder schreien gehört. Sie setzte sich zu Felix, schob lautlos die Hosenbeine hoch und zeigte all ihre Auas an den Knien, die zwar nur noch einen blassen Schimmer aufwiesen, aber dennoch reichlich waren. Felix beruhigte sich schnell. Er nahm von der Erzieherin die Kühlpackung entgegen und kühlte Ninas uralte Auas.

Auf der Mauer

Ich gehe mit meinen beiden Kindern draußen spazieren.

Nora fährt im Fahrradanhänger. Ich schiebe sie und konnte aber Sofie davon überzeugen, ein bisschen zu laufen. Schließlich soll sie ja üben und auch müde werden. Wir laufen unsere übliche Tour, einmal um die Ecke in unserem Wohnviertel.

Es gibt ein schönes Mäuerchen in der ersten Seitenstraße. Sofie freut sich, besteigt die Treppe, rennt nach vorne und reicht mir die Hand, um auf der Mauer entlang zu balancieren. Dann muss sie sich ducken und unter dem Baum durchschlüpfen. Ich hebe sie hoch, bevor dann der Abgang kommt. Sofie hüpft vom Müllcontainer auf den Boden. Sie startet erneut von vorne auf der Treppe.

Das Spiel können wir eine ganze Weile betreiben. Meist machen wir diesen Ausflug vormittags, wenn Nora im Kindergarten ist. Sofie und ich sind dann allein und können solchen motorischen Eskapaden ausgiebig fröhnen.

Heute sind wir mit Nora unterwegs. Auch sie kennt schon dieses Spiel an der Mauer. Sie wird in das Spiel mit einbezogen. Sofie ruft von jeder Ecke aus: »Guck, guck.« Oder: »Nora, hallo.« Beide haben Spaß.

Nora ist im Fahrradanhänger warm eingepackt. Sie sitzt im Daunenfußsack und hält ihren Laternenstab ganz fest. Es ist Herbst geworden, die Ausflüge wieder etwas aufwändiger, denn alle müssen warm angezogen werden. Dicke Jacke, Mütze und Schal. Nora beobachtet die leuchtenden Farben der Lampen. Ab und zu schaut sie hoch und sieht hinüber zu ihrer Schwester. Nora ist zufrieden, denn sonst hätte sie mich schon längst angefeuert: Mama, weitergehen.

Dann irgendwann beenden wir das Spiel. Wir laufen die Strasse weiter und stoßen auf eine andere Mauer. Diese ist jedoch nicht begehbar, denn aus ihr ragt ein hoher Zaun, so dass ein Balancieren unmöglich ist. Sofie streift ihre kleine Kinderhand an der Mauer und dem Zaun entlang.

»Auch eine Mauer, Mama«, stellt sie fest. »Ich möchte hoch.« Ich erkläre ihr: »Sofie, auf der Mauer kann man doch nicht gut laufen, da ist doch der Zaun im Weg.«

Sie ist brav und versucht heute mal nicht, daran hochzuklettern und trotz allem zu balancieren. Sie läuft neben uns weiter. Wir sind auf dem Weg nach Hause zum Abendessen.

Dann schaut sie mich an und sagt: »Mama, Nora nicht gut laufen.« »Ja«, entgegne ich, »Nora kann nicht gut laufen, aber sie kann gut krabbeln.« Damit ist sie zufrieden und läuft schnell vor, um vielleicht noch eine Kastanie einzusammeln.

Was in so einem Kinderkopf immer vorgeht. Ich bin immer wieder fasziniert. Nächste Woche wird Sofie zwei Jahre alt.

Abends sitze ich immer noch ein Weilchen bei Paula am Bett, und wir bereden so alles, was sich zwischen Mutter und Tochter so bereden lässt. Gestern hatten wir ein Gespräch von Frau zu Frau. Thema war das Heiraten. Ihre spontane Aussage: »Ich heirate mal meinen Bruder, den Julius!«, fand ich so niedlich, dass ich es nicht lassen konnte, ein wenig weiter zu bohren. Heraus kam, dass sie sich wohl schon länger mit der Thematik herumschlägt und ernsthaft eine Lösung sucht. Denn im Kindergarten gäbe es so einen süßen Tim, den sie ja eigentlich auch heiraten wolle. Ihr Problem war nun: Wenn sie also den Tim heiratet, WEN kann dann der Julius heiraten? Und außerdem könne der Julius uns ja gar nicht so gut sagen, wen er heiraten will, also wie sollten wir dann eine gute Frau für ihn finden, fragte Paula. Ich erklärte ihr daraufhin, dass er uns das sicherlich auf seine Weise mitteilen würde und sie solle sich darüber mal keine Sorgen machen. Sie müsse nicht unbedingt ihren Bruder heiraten, wenn sie lieber einen anderen Jungen heiraten wolle. »Aber du hast doch auch den Papa geheiratet!«, sagte sie daraufhin. »Wenn ich den Julius heirate, dann können wir doch immer alle zusammen bleiben, das wäre doch praktisch«, meinte sie. Noch lange haben wir hin und her überlegt, wie wir es nun machen sollen, und als es endlich Zeit war, das Licht auszudrehen, meinte sie abschließend mit einem zufriedenen Seufzer: »Mama, ich hab's mir überlegt! Ich heirate auf jeden Fall meinen Bruder und damit basta!« Da hab ich mich ganz schnell verabschiedet, um mir meine Rührung nicht anmerken zu lassen. Ich werde diese Geschichte immer bei mir tragen. Sie ist einer dieser kleinen Schätze in der Familienkiste.

Vernünftigerweise müssen wir uns bemühen, Paula ihr eigenes Leben zu lassen und sie nicht mit der Verantwortung für ihren Bruder und unseren eigenen Sorgen um ihn zu überfrachten, aber den kleinen Hoffnungsschimmer, dass sie für ihren Bruder da sein wird, wenn wir mal nicht mehr da sind, den lassen wir uns nicht nehmen.

Heute ist etwas ganz Schönes passiert: Oliver ist von der Schule nach Hause gekommen und fing gleich an, mir vom Religionsunterricht zu erzählen. Anscheinend hatte sich die Lehrerin mit den Kindern über Behinderungen unterhalten, und Oliver erzählte, dass er sich gemeldet habe, um über Katharina zu erzählen. Die Lehrerin war wohl gleich sehr interessiert und auch ein bisschen neugierig zu erfahren, was Katharina hat bzw. kann.

Oliver erzählte, dass sie noch nicht laufen kann (es aber noch lernen wird!) und nicht sprechen kann. Dann hat er auch noch erzählt, was Katharina gut findet, z. B. dass sie es gut leiden kann, wenn es knistert, und sie genau hinhört, woher die Töne kommen. Das hat er dann auch noch vorgemacht!

Das Gespräch ging wohl so weit, dass sich alle Kinder gemeldet haben, die Katharina kennen, und das waren wohl fast alle. Ich war ganz gerührt, dass ihm diese Stunde offensichtlich gut gefallen hat und er es schön fand, so viel über seine Schwester zu erzählen.

Natürlich musste ich gleich fragen, ob sich die anderen Kinder überhaupt dafür interessiert haben. Diese Frage musste ich einfach stellen, was allerdings auch typisch ist. Oliver meinte dann, dass es allen Kindern gefallen hätte, sich darüber zu unterhalten, außer seinem Freund Samuel. Der würde im Religionsunterricht immer Räuber malen und hätte dies auch in dieser Stunde lieber getan!

Das Allerbeste kam am Schluss. Oliver meinte: »Mama, ich glaube, die Katharina ist berühmt.«

Weißt du was? Das glaube ich nämlich auch! Überhaupt ist doch »berühmt« ein viel besseres Wort als »behindert«. Meinst du nicht, dass wir das auch übernehmen sollten?

Mein Gott bin ich froh, dass Nora mein erstes Kind ist. Ich glaube, so naiv und gelassen kann man nur mit seinem ersten Kind sein. Von nichts eine Ahnung, alles zum ersten Mal durchmachen und dabei lernen.

Es beginnt schon mit den ersten Untersuchungen, die an deinem Kind durchgeführt werden. Der Arzt ist der Übermensch, der Gott in Weiß, und man selbst, als Mutter die innigste Verbindung zu dem kleinen Wesen habend, ein Nichts.

Nora ist ein unbeschriebenes Blatt. Doch die Ärzte geben reihenweise ihre Urteile ab: Motorisch und geistig behindert wird sie sein. Was wird das wohl heißen?

Ihre Tochter – mit diesen Händen wird sie nicht mal fähig sein, einen Elektrorollstuhl zu bedienen!

Die Pupillen reagieren nicht auf Licht. Naja, mit Blindheit könnten wir wohl am einfachsten leben, oder?

Leben sie jeden Tag intensiv mit ihr, man kann bei diesen Diagnosen nichts über die Lebenserwartung sagen.

Allen Prognosen zum Trotz beginnt Nora zu leben. Geprägt von Therapieterminen ist unser Leben ziemlich durchorganisiert. Alles ist wichtig. Jede Möglichkeit muss ausgeschöpft werden.

Es gibt auch Fortschritte. Es sind zwar kleine, aber immerhin.

Nora rollt, Nora robbt, Nora krabbelt, Nora spricht. Heute tobt sie mit Sofie auf dem Sofa und kann sich an ihrem Hochstuhl zum Stehen hochziehen.

Ich habe Geduld und beobachte die kleinen Dinge, die sie uns so zeigt. Klar bin ich traurig, wenn ich andere Kinder im selben Alter zum Vergleich anschaue, aber daran gewöhnt man sich.

Jetzt gibt es Sofie. Sofie zeigt mir in rasanter Geschwindigkeit, was Entwicklung wirklich heißt! Bisher konnte ich mir nur ein ungenaues Bild zusammenstellen, das man sich aus den Fragen der Münchner Funktionellen Testung im SPZ zusammenreimt. Schaut ihr Kind fallenden Gegenständen nach? Ahmt ihr Kind das Putzen in der Küche nach? Kann ihr Kind alleine aus einem Glas trinken? Kann ihr Kind alleine eine Jacke an- und ausziehen?

Seit Jahren übe ich mit Nora Reißverschluß auf- und zumachen. Seit Ewigkeiten waschen wir schon Hände zusammen, immer mit dem selben Ablauf: Wasserhahn aufdrehen, nass machen, Seife rubbeln, Schaum machen, Schaum abwaschen, Wasserhahn ausmachen, Hände abtrocknen.

Ob es Nora irgendwann mal alleine ausführen kann? Langsam werde ich ungeduldig. Sofie kann das alles mit so einer Leichtigkeit. Sie macht das einfach, übt sogar alleine, wenn ich vergessen habe, die Badezimmertür zuzumachen. Sofie weiß in welcher Reihenfolge. Sofie ist ein echter Macher. Sie probiert es aus. Noch mal. Und noch mal. Sie möchte das, ganz von sich aus.

Nora kommt nicht mal alleine an das Waschbecken ran. Hochheben, richtig positionieren, Vorkehrungen treffen, damit nicht gleich alles schwimmt, und machen lassen. Wasser an, Wasser aus, Wasser an, Wasser aus, Wasser an, Wasser aus... Nora, Hände waschen. Ach ja, da war was. Hier ist die Seife, doch sie glitscht ihr aus den Händen. Ich helfe ihr beim Einschäumen, doch Nora hat nicht wirklich Spaß daran. Lasse ich nur etwas locker, so fallen ihre Hände ins Waschbecken wie ein nasser Sack. Wasch mich halt, wenn du meinst, das muss jetzt sein.

Das ist so mühsam.

Sofie zieht sich Hausschuhe, Socken und Hose aus, reißt sich die Windel vom Po und brüllt, Mama, Pipi machen. Das klappt zwar noch nicht oft, und wir trainieren noch nicht intensiv, aber Sofie sieht, dass wir das auch so machen. Schon geht es Richtung Bad. Ich renne meinem »Nacktpopo« hinterher, setze sie auf die Toilette, und wir schauen, ob etwas kommt. »Fertig! Abputzen!«, bestimmt sie, obwohl nichts passiert ist. Schon geht es wieder ins Kinderzimmer zurück, in dem Nora auf uns gewartet hat. So einfach ist das.

»Nora, möchtest du auch ein Pipi machen.«

»Möchtest du mal auf die große Toilette?« Keine Antwort.

Ich ziehe sie aus.

»Nora, ich habe auch den blauen Sitz reingemacht, komm, wir versuchen es mal.« Sie schaut mich an.

Immerhin wehrt sie sich nicht, als ich sie ins Bad trage.

Ich platziere sie auf dem Toilettensitz. Sehr verkrampft sitzt sie da. Ich halte sie fest, stütze den Rücken und überlege, wie wir in Zukunft auch noch die Füße aufstellen können, ohne zu viele Handgriffe zu benötigen. Ohne große teure Toilettenstuhlhilfsmittelanschaffung!

Pipi kommt. Aber nicht in die Toilette, sondern erst nachdem ich sie wieder zurückgetragen habe, auf die Turnliege. Da kann Nora in einer Krabbelposition unter ihrem Körper durchschauen und zusehen, wie das Pipi kommt. Das ist natürlich viel spannender. Nicht mal ein »Pipistempel« ist ein echter Anreiz, es doch mal auf der Toilette zu versuchen.

Nora ausziehen, Nora heben, Nora tragen, Nora absetzen, Nora festhalten, Nora auch das Toilettenpapier reichen und beim Abreißen und Wegwerfen helfen. Mir fehlen noch zwei Hände! Nora erneut heben und tragen und anziehen...

Das ist so mühsam.

Manchmal werde ich ungeduldig. Manchmal bin ich ärgerlich und wütend. Schon wieder ist ein Glas beim Abendessen verschüttet! Ich schreie sie an und schimpfe. Ich packe sie fest an den Oberarmen. Ganz fest. Und noch fester. Ich hätte Lust, sie nur noch zu schütteln und windelweich zu schlagen.

Ich bin so sauer. Sauer?

Nora schaut mich an. Große traurige Augen. »Mama lieb«, sagt sie. Sie möchte meine Hand halten.

Ich kann ja auch nicht böse sein. Nein. Schließlich habe ich ja keinen Strohhalmbecher mit Deckel hingestellt, mit dem das Chaos nur halb so schlimm ausgefallen wäre. Ich ahnte es ja schon, ich kenne das Spiel doch.

Nora schau hin, was deine Hände machen. Schau doch hin!

Ich nehme sie in die Arme. Wir schmusen. Alles ist gut. Bis zum nächsten Mal. So ein normal entwickeltes Geschwisterkind läßt die Messlatte doch immer ein bisschen höher klettern.

DEFIZITE

Nora ist älter geworden und wieder ein Stückchen reifer. Ihre Eigenwahrnehmung hat sich verändert. Bisher war sie einfach glücklich und zufrieden mit den Dingen, die sie konnte. Jetzt bekommt sie ein Gefühl für ihre Defizite. Es ist, so vermute ich, das erste Mal, dass sie es so feststellt und auch artikulieren kann.

Ich stelle es fest beim Sprechen. Wenn sie etwas nicht deutlich sagt, wiederholt sie es jetzt gleich, ohne dass ich es sage: »Äh, nicht verstanden!«

Man merkt es beim Schneiden mit der Schere. Sie möchte es gerne alleine tun und schickt mich weg. Sie stellt fest, dass es doch nicht klappt, und ruft dann wieder: »Mami, hilf mir!«

Auch bei der Fortbewegung ist es zum Thema geworden. Ich laufe in der Küche auf und ab und decke den Tisch. Nora kommentiert: »Du laufen.« Dann folgt Stille und sie überlegt. »Ich laufen?«, fragt sie in die Stille hinein und beantwortet sich die Frage gleich selbst: »Geht nicht.« Sie holt sich ihren Puppenbuggy, schiebt ihn im Kniegang und sagt dann, als ob sie sich selbst aufmuntern wolle: »Ich gut krabbel.«

Was soll ich denn da sagen? Wie soll ich damit umgehen? Mir fallen da hinterher schon Sachen ein, aber in der Situation selbst habe ich nur einen dicken Kloß im Hals.

Kapitel 8

Integration im Kindergarten

Suche nach dem Kindergarten

Die Suche nach einem Kindergarten für Katharina war weitaus schwieriger als bei ihrem Bruder Oliver. Damals habe ich mit ihm im Kinderwagen zu Fuß die beiden nächsten Einrichtungen in unserem Wohnort besucht, mir Anmeldeformulare geholt, ein paar Mütter auf dem Spielplatz befragt und ihn angemeldet. Klar, das Erwachen darüber, wie ein Kindergartenalltag aussehen kann, kam schon nach kurzer Zeit. Aber wir hatten immer das Gefühl, dass es Oliver gut gefällt und dass er die Erzieherinnen mag.

Dass bei Katharina alles nicht so einfach werden würde, war uns klar. Eine wohnortnahe Einzelintegration kam für uns nicht in Frage. Wir wollten gern, dass Katharina in eine erfahrene integrative Einrichtung kommt. Aber wo sind die und welche davon würde für uns in Betracht kommen? Hier wurden wir sehr von Katharinas Frühförderer unterstützt, der uns verschiedene Einrichtungen empfohlen hat und zusammen mit Katharina und mir die Kindergärten besucht hat. Bis jetzt waren wir ja mit unserem behinderten Kind eher isoliert, andere Familien in der gleichen Situation kannten wir nicht. So war der Kindergartenstart auch so etwas wie ein »Coming out«.

In allen Kindergärten wurden wir herzlich begrüßt, und ich lernte viele Menschen kennen, für die die Betreuung von behinderten Kindern Beruf und Berufung ist. Nach längerem Überlegen und mehreren Besuchen auch von G. in den in Frage kommenden Einrichtungen haben wir uns für den Kindergarten entschieden, der uns schon bei unserem ersten Besuch am besten gefallen hatte, und wir haben uns riesig gefreut, als dann auch die Zusage kam.

In Katharinas Gruppe waren 15 Kinder, davon zehn nicht behinderte und fünf behinderte. Betreut wurden diese von (im besten Fall) vier Erziehern/Praktikanten, aber mindestens zu zweit. Zwei große Räume und ein eigenes Bad mit Wickelmöglichkeit hatte die Gruppe zur Verfügung und idealerweise einen direkten Zugang zum Garten.

Dann kam der aufregende Start. Es war ausgemacht, dass ich in der ersten Woche mitgehen würde und Katharina stundenweise »anfängt«. So einen sanften Einstieg empfand ich zwar bei Katharina als richtig, war ich aber von Oliver überhaupt nicht gewöhnt. Ihn habe ich schreiend im Kindergarten zurückgelassen, weil es so mit den Erzieherinnen vereinbart war – wie schrecklich! In den ersten Tagen wurden wir aufmerksam »beobachtet«, und immer öfter wurde Katharina von den Erzieherinnen »übernommen« und im wahrsten Sinne des Wortes mitintegriert. Dann kam der Vorschlag, dass ich doch mal für ein, zwei Stunden weggehen sollte, am besten mal einen Kaffee trinken. Katharina schien meine Verabschiedung überhaupt nicht zu bemerken, sie war sehr interessiert an den vielen neuen Spielsachen. Dafür musste ich mich zwingen, den Kloß im Hals runterzuschlucken.

Als ich wieder kam, hatte alles gut geklappt, aber das war für mich der Anfang der vielen schwarzen Löcher in Katharinas Leben. Nie würde sie mir erzählen können, wie es für sie an diesem ersten Tag alleine war. Was hat ihr besonders gut gefallen, hat sie jemand geärgert, mit wem hat sie gespielt? Immer sind wir darauf angewiesen, was uns andere über diese Zeit erzählen. Aber wird uns immer alles erzählt und vor allem das Wichtige? Sicher, wir merken, ob es Katharina gut geht oder nicht. Aber woran es liegt, wenn sie schlecht gelaunt ist, das wissen wir auch nicht immer und das macht mich traurig und wütend.

Einmal war meine Mutter bei uns zu Besuch, und Katharina war sehr schlecht gelaunt. Sie jammerte lautstark herum und schien nichts zu wollen: kein Essen, kein Trinken, kein Schmusen, keine Spielsachen. Meine Mutter war völlig ratlos und fragte mich, was Katharina denn habe. Und ich pfefferte Katharina in ihre Arme und brüllte sie an: »Dann frag' sie doch!« In solchen Momenten ist es einfach ganz schrecklich, ein Kind zu haben, das nie etwas sagen wird!

Der Start im Kindergarten war jedenfalls sehr positiv, Katharina hat sich sehr gefreut, mich wiederzusehen, aber sie schien mich auch nicht vermisst zu haben. An einem der nächsten Tage ist Oliver auch einmal mit zu Besuch gekommen und hat sich den neuen Kindergarten seiner Schwester angeschaut. Ihm hat es so gut gefallen, dass er ganz neidisch wurde und wir uns wirklich überlegt haben, ob er noch für ein Jahr wechseln sollte.

Die ganzen drei Jahre hatte ich das Gefühl, dass wir und vor allem Katharina in ihren Bedürfnissen sehr ernst genommen werden. Viele Elterngespräche haben mit Erziehern und Therapeuten stattgefunden und immer wieder wurde überlegt, was für Katharina verändert werden könnte oder wie man sie noch fördern kann. Schon fast lachen muss ich heute über die Ziele, die wir bei unserem ersten Gespräch festgesteckt haben. Katharina sollte nach den drei Jahren Kindergarten laufen können, alleine essen können und auf Toilette gehen. Tja, leider haben wir eines vergessen: Katharina hat ihren ganz eigenen Rhythmus, und ihre Entwicklungsschritte sind viel, viel kleiner, als wir uns dies am Anfang der Kindergartenzeit vorstellen konnten. Wenn die Ziele so hoch angesetzt sind, kann der Frust auch nur hoch sein, wenn sie nicht erreicht werden. So begannen wir, uns kleine Ziele zu setzen, die von Katharina auch erreicht werden konnten. Über diese Fortschritte freuten wir uns sehr!

Natürlich wurde Katharina auch durch die Kindergartenzeit immer selbständiger, und zwar auch selbständiger von mir. Plötzlich gab es noch andere, die wussten, was Katharina mag, was sie gerne spielt oder was sie gerne isst. Dieser Gedanke, dass nur ich als Mutter oder wir als Eltern über sie Bescheid wissen, ist einfach nicht mehr wahr. Für mich ist das traurig und erleichternd zugleich. Sollen die sich doch auch mal am Vormittag um sie kümmern, mit ihren Launen zurecht kommen. Im Gegenzug hat Katharina ihren »großen Freunden« auch immer ihre Liebe gezeigt und sie mit Schmuseeinheiten überschüttet.

Ein wirkliches Loslassen war für mich auch die Fahrt mit dem Bus in den Kindergarten. Niemals wäre ich bei meinem damals dreijährigen Sohn auf die Idee gekommen, ihn zu einem wildfremden Mann in den Bus zu setzen und ihn eine dreiviertel Stunde durch die Stadt fahren zu lassen, bis er an seinem Kindergarten ankommt. Bei Katharina war klar, dass wir es nicht leisten können, sie morgens selbst in den Kindergarten zu fahren. Organisatorisch war alles geregelt, aber dem Busunternehmen fehlte ein geeigneter Sitz für Katharina, den wir bitte selbst besorgen sollten. Nichts geht wirklich einfach! Also wurde von uns ein Sitz besorgt, und das Abholen konnte beginnen. Die ersten zwei, drei Male bin ich mitgefahren, und dann kam Katharinas erste Fahrt alleine. Nie werde ich vergessen, wie sie ihren Kopf zu uns drehte, als die Tür zuging und ich nicht mit einstieg. So als könnte sie es nicht fassen. Und ich konnte es ehrlich gesagt auch nicht fassen, was wir da machten. Es war so widersprüchlich. Dem Kind, das ganz und gar auf Hilfe angewiesen ist, so dass ich oft denke, wir sind nicht zwei Personen, sondern nur eine, muten wir Dinge zu, auf die wir bei unseren nicht behinderten Kindern nie gekommen wären. Aber natürlich klappte die Fahrt gut und alle anderen Fahrten auch.

Für uns wurde es zu einem Ritual, morgens gemeinsam Katharina zum Bus, der direkt vor unserem Haus hielt, zu bringen. Immer haben wir ihr zum Abschied gewunken, und es war ein guter Start, wenn sie zu uns geschaut hat. Aber wie oft hat sie einfach in eine andere Richtung gesehen oder lieber mit ihrer Spielzeugkette gespielt, die an ihrem Sitz befestigt war.

Ich war auch immer ein bisschen froh, wenn Katharina in Richtung Kindergarten gestartet ist. Neben der Förderung war die »Katharina freie Zeit« am Vormittag auch eine große Entlastung für mich, und ich wusste einfach, dass sie in dieser Zeit etwas Schönes macht.

Der Abschied von diesen drei Jahren ist mir unheimlich schwer gefallen. Alles war so vertraut, und etwas ganz Neues, Unbekanntes wartete auf uns. Obwohl ich das Gefühl hatte, dass es Zeit für eine Veränderung war, wollte ich am liebsten alles so belassen. Ich war sehr traurig an diesem letzten Tag und habe zum allerersten Mal eine Sonnenbrille beim Abholen aufgehabt, weil ich nicht schon heulend in den Kindergarten hineingehen wollte. Meine Tarnung war aber zu offensichtlich und wurde sofort entlarvt. Ich war traurig für Katharina, für die dieser Tag ein ganz normaler Tag war. Traurig für mich, weil ich Liebgewonnenes nicht gut loslassen kann und mit sehr gemischten Gefühlen an das Internat dachte. Es war nicht nur dieser letzte Tag, sondern auch die ungewisse Zukunft, die mich so traurig machte. Eine Trauer, die ich auch wieder erst erklären musste, damit sie verstanden wurde. Katharina hat wirklich die große Gabe, im Moment zu leben und den Augenblick zu genießen, und ihr ging es damit unendlich viel besser.

Die Kindergartenzeit von Katharina war eine Bereicherung für uns alle: Wir haben sehr nette Menschen kennengelernt und gesehen, dass auch andere mit unserer Tochter zurecht kommen. Kinder und Erwachsene haben mit Katharina Freundschaften geschlossen, etwas, das ich bis dahin nicht kannte.

Da war sie wieder, diese unendliche Traurigkeit. Niemals hätte ich geglaubt, sie würde weggehen. Am Anfang, nach der Geburt und mit dem Bewusstwerden, ein behindertes Kind geboren zu haben, war ich in der Wohnung – weinend. Ich konnte einkaufen gehen – weinend. Alle hatten normale Kinder und gingen mit ihnen an der Hand spazieren. Ich nicht. Ich blickte in Kinderwagen und sah wohlig grunzende, wonnige, wuchtige und zufriedene Babys. Die Kinder in der Nachbarschaft laufen, fahren Roller oder Dreirad. Nur unsere Tochter nicht. Sie ist behindert. Immer wieder kommen Tränen in mir hoch. Ich bin sehr verzweifelt.

Mit der Zeit gewöhnt man sich an die Tatsache einer Behinderung. Man lernt damit umzugehen und blickt auf die schönen Seiten. Unsere Tochter ist ein sehr fröhliches Kind. Man kämpft für eine gute Betreuung im Kindergarten und für eine spätere Bleibe. Man engagiert sich und tut sich mit anderen, ebenfalls betroffenen Eltern zusammen. Man sieht, dass es anderen noch schlechter geht. All das gibt einem selbst Auftrieb. Es geht weiter im Alltag.

Lange Zeit habe ich das Gefühl der unendlichen Traurigkeit nicht mehr gespürt. Wir haben nette Freunde. Die Familie liebt Nora. Ihre Schwester geht sehr kumpelhaft mir ihr um und Nora ist in einem sehr guten integrativen Kindergarten. Sie wird dort gut aufgenommen, gefördert und liebevoll betreut.

Ab dem zweiten Kindergartenjahr dürfen die Kinder an der Musikschule teilnehmen. Auch ich habe Nora angemeldet. Musik ist etwas wundervolles. Nora singt und klatscht gerne und hört Kinderlieder im Auto auf der Heimfahrt vom Kindergarten. Einmal hospitierte ich nun bei der integrativen Gruppe der Musikschule. Da traf sie mich wieder. Erst ein kleiner Schock, eine Demütigung und dann war sie da: die unendliche Traurigkeit.

Während der Musikstunde wurde getanzt. Die nicht-laufenden Kinder mussten nebendran sitzen und zusehen. Es wurde sich begrüßt: mit der Schulter, den Finger- und Fußspitzen und Po. Kein gutes Programm für nicht-laufende Kinder.

Kissen wurden ausgeteilt. Die Kinder sollten sie berühren mit Ellenbogen, Knie und Wimpern. Immer wenn Nora gerade ihr Kissen wiedergefunden hatte, gab es schon eine neue Anweisung. Für nicht behinderte Kinder im normalen Tempo. Nora blieb auf der Strecke. Ich bin froh, dass Nora weiß, wo ihre Arme und Beine sind. Doch Wimpern? Sie schaute mich fragend an. Die Kinder sollten sich in der Bewegungspause auf das Kissen setzen. Nora kann das alleine gar nicht bewerkstelligen. Wie um alles in der Welt funktioniert das, wenn ich nicht da bin? Ein merkwürdiger Verdacht stieg in mir hoch. Ich werde ärgerlich und traurig zugleich.

Dann tanzen die Kinder partnerweise. Nora ist auf dem Boden neben einem anderen Jungen, der nicht laufen kann. Die beiden sollen die Instrumentalisten darstellen. Gleich, heißt es. Sie bekommen Instrumente gereicht. Nora kann leider die Trommel mit der rechten Hand nicht festhalten, um sie mit der linken zu beklopfen. Ein kläglich gescheiterter Versuch, diese beiden Kinder zu integrieren. Ein Mädchen mit Down Syndrom sitzt die ganze Zeit unbeteiligt daneben.

Endlich bekommt Nora eine Rassel. Hat die Musiklehrerin doch etwas bemerkt? Nora rasselt und hat endlich mal Spaß. Doch diese Freude ist nur von kurzer Dauer, Nora solle bitte nur am Ende eines Refrains mitrasseln. Wie soll sie das verstehen?

Zu guter Letzt hören die Kinder eine Opernversion von Hänsel und Gretel. Alle liegen auf dem Boden. Die Kinder sollen auf die düstere Stimmung in der Musik achten. Sie sollen das Echo und einen durch die Oboe gespielten Kuckuck erkennen. Nora liegt auf dem Boden auf dem Rücken. Sie hat abgeschaltet. Sie spielt mit ihren Händen.

Was macht sie hier? Was mache ich eigentlich hier? Was habe ich ihr damit angetan? All das nur, weil man als Elternteil immer der »Normalität« nachläuft. Fast alle Kinder nehmen am Musikunterricht teil. Warum also auch nicht mein Kind? Ich dachte, es sei spielerischer. Ich hatte vermutet, mein Kind würde angeleitet und vielleicht einzeln betreut werden. Ein falscher Gedanke! Eine Integration, die ordentlich schief gelaufen ist!

»Wie in einer integrativen Schule«, sagt eine Erzieherin, als ich es anschließend mit ihr bespreche. Es trifft mich erneut der Schlag.

Ich bin traurig, unendlich traurig: Nora ist nicht so wie andere Kinder. Sie wird es auch nie sein.

Nachmittags, wenn ich Marvin vom Kindergarten abgeholt hatte, waren wir meistens alleine zu Hause. Einladungen, wie sie andere Kindergartenkinder gegenseitig selbständig ausmachen, gab es bei uns nicht. Obwohl unser Kindergarten vor 25 Jahren als erster Integrativer eine Vorreiterrolle hatte und immer noch sehr engagiert arbeitet, kamen die Mütter der Kinder aus Marvins Gruppe selbst nur ganz selten auf die Idee, uns auch mal gemeinsam zu besuchen. Schade, gab es doch in unserem Kinder- und Wohnzimmer ungewöhnliche »Spielschätze für alle Sinne«, oft selbst entworfen, zu entdecken.

Es blieb leider bei recht wenigen Treffen, und Gegeneinladungen kamen fast nur von den Müttern, die ebenfalls Kinder mit Besonderheiten hatten. Irgendwann arrangierte ich mich mit dem Gedanken: Andere sind anders.

Es ereignete sich also nachmittags für uns nicht mehr viel, es sei denn, einer der regelmäßigen Arztbesuche stand an oder eine Therapie, die im Vormittag keinen Platz gefunden hatte. Die Besuche der Frühförderung nahmen natürlich einen schönen Platz ein, wenn auch nur kurze, kurzweilige 60 bis 90 Minuten.

Irgendwann gab es aber dann den Donnerstag, unsere regelmäßige Musikstunde für blinde und sehbehinderte Kinder. Dadurch, dass die Teilnahme auch für Geschwisterkinder offen war, entstand eine schöne integrative Runde.

Seitdem Marvin während der Schultage im Wohnheim lebt, werden die Nachmittage für ihn und seine fünf Mitschüler und Mitschülerinnen abwechslungsreich und fantasievoll gestaltet. Auch dort wird viel musiziert.

Unsere früheren Donnerstage werden mir in guter Erinnerung bleiben. Sie haben auch mir immer sehr gut getan. So hatte also alles angefangen:

Unsere rote Musikinsel

Anfänglich, als uns von der geplanten wöchentlichen
Musikstunde berichtet wurde, dachte ich:
Schon wieder ein Termin,
und das auch noch jede Woche,
verbindlich zusagen,
offene Gruppen, immer neue Gesichter
und Liedertexte lernen, geschweige denn mitsingen,
kann Marvin doch sowieso nicht,
noch 'ne Therapie – noch mal hinfahren –
noch mal pünktlich sein
und mit guter Laune:
»Hallo, hallo, schön, dass der Marvin da ist.
Hallo, hallo, wir freuen uns so sehr...«

Auf diese Herzlichkeit freue ich mich schon am Wochenbeginn.
Marvin scheint schon im verspiegelten Aufzug zu ahnen, wo es
hingeht.
Vom Ende des langen Flures her tönen Kinderstimmen, Stampfen
und Quietschen.
Wir machen es uns im roten Sitzsack bequem,
und sobald die ersten Gitarrenakkorde erklingen,
freue ich mich, weil Marvin sich freut.
Seine Augen gehen weit auf,
die Ohren scheinen sich zu spitzen,
ein Horchen mit allen Sinnen beginnt.
Die Musik erreicht ihn in seiner Welt,
eine Melodie zieht ihn in den Bann!

Mag es vorher noch stressig gewesen sein,
einmal gemütlich auf unserer roten »Insel« angekommen,
fühlen wir uns wohl, Entspannung setzt ein,
und ich merke, wie Marvin die Stimmung genießt und Spaß empfindet.
Immer wiederkehrende Rhythmen,
einfache Reime, Texte oft der Situation entsprechend,
auf die anwesenden Kinder direkt bezogen,
regen zum Mitmachen an.

Die Gitarre bringt Ruhe in die tobenden Gemüter,
holt Abgelenkte dazu,
zieht stille Kinder magisch an,
lässt Abwesende auftauen
und bringt das Strahlen in unserer Kinder Augen.

Selbst die Akkorde des Abschiedsliedes,
das viel zu schnell das Ende unserer »Insel der Musik« ankündigt,
wecken Freude auf den kommenden Donnerstag.
»Hallo, hallo, schön, dass wir zusammen musizieren,
hallo, hallo schön, dass es diese Musikstunde gibt!«

An den Wochenenden sitzen wir jetzt gerne zu Hause
und hören Kassetten oder CD's
zusammengekuschelt auf unserer gelben Musikinsel.

Noch ein Erlebnis aus Katharinas Kindergarten: Katharina ist ja morgens immer mit dem Bus abgeholt worden und nachmittags von uns. Obwohl das Abholen insgesamt rund eine Stunde gedauert hat, war es mir auch wichtig, in Kontakt mit den Erzieherinnen zu bleiben. Zwischen Tür und Angel gab es immer einen Austausch, z. B. wie der Tag war oder einfach nur wie die Stimmung von Katharina ist oder was sie gegessen hat.

An einem Mittag nun empfing mich gleich eine Erzieherin in der Gruppentür und sagte mir, dass heute etwas passiert sei. Sie schaute ganz betreten und berichtete, dass Katharina in dem Spielzimmer eingeschlossen war und dass man sie, weil man sie nicht anders befreien konnte, sogar rausschneiden musste. Eigentlich fand ich das im ersten Moment gar nicht so schlimm, denn Katharina war ja draußen, es ist nichts weiter geschehen und ihr geht es gut.

Aber dann realisierte ich die ganze Geschichte und fing an nachzufragen: Kurz vor zwölf Uhr wird im Kindergarten der Tisch gedeckt, weil es gleich nach dem Abholen der Halbtagskinder mit dem Mittagessen weitergeht. Wie bei uns zu Hause wird Katharina sehr unruhig, wenn sie sieht, dass der Tisch gedeckt wird oder sie das Klappern von Geschirr hört. Sehr unruhig heißt, dass sie sofort essen will. Das äußert sie, indem sie sehr laut jammert. Um die Situation etwas zu entschärfen, hat man deshalb im Kindergarten damit angefangen, Katharina während dieser Phase in dem separaten Spielzimmer spielen zu lassen. Damit sie die Geschirrgeräusche nicht so deutlich hört, hat man die Schiebetür zu diesem Raum bis auf einen kleinen Spalt zugemacht. Den anderen Kinder stehen zu dieser Zeit natürlich trotzdem alle Räume offen. So war Katharina an diesem Tag ganz allein in diesem Zimmer, weil die anderen Kinder nicht mit ihr dort spielen wollten.

Hier fing ich schon an, mich aufzuregen und auch zu ärgern. Auch erinnerte mich die Situation sehr an zu Hause: Damit ich – wenn ich mit den Kindern allein zu Haus bin – den Tisch decken kann, muss ich Katharina entweder in ihren Buggy setzen und anschnallen oder sie muss in ihrem Zimmer einen Moment alleine spielen und ich muss ein Gitter in den Türrahmen klemmen, damit sie nicht wegkrabbelt und wieder beaufsichtigt werden muss. Das Gleiche gilt natürlich auch für alle möglichen anderen Hausarbeiten! Dies nervt mich zu Hause sehr. Obwohl ich weiß, dass es Katharina sogar gut tut, wenn sie für einige Zeit einen begrenzten Radius und am besten nur wenige Spielsachen hat, ist es für mich auch oft ein »Wegsperren«, damit etwas anderes überhaupt erledigt werden kann! Jetzt die gleiche Situation in einem integrativen Kindergarten. Wieso gibt es keine anderen Kinder, die in dieser Zeit mit Katharina spielen? Wieso muss Katharina alleine sein? Wieso ist keine Erzieherin da? Für jede dieser Fragen gibt es sicher ganz plausible Antworten, aber Katharina ist doch genau aus diesem Grund hier, damit es eben nicht so ist wie zu Hause! Oder geht das gar nicht anders? Wieso kann man sie hier einfach separieren, wenn sie stört? Warum merkt keiner, dass dies eben auf keinen Fall integrativ ist? Wo müssen Nichtbehinderte Rücksicht nehmen und wo Behinderte? Bin ich zu empfindlich?

Jedenfalls hat Katharina an diesem Tag mit etwas Großem gespielt, was sich in der Schiebetür verhakt hat. Es gab keine Möglichkeit, die Tür von außen zu öffnen. Also blieb dem Team nichts anderes übrig, als durch eine nicht mehr zu öffnende Holztür im Flur ein Loch zu sägen. Durch das konnte dann ein Mädchen krabbeln, das den Gegenstand von der Schiebetür weggezogen hat, und Katharina konnte so befreit werden. Es war jedenfalls ein ganz schön aufregender Vormittag für die Gruppe, und für mich ein gedankenschwerer Nachmittag.

Am nächsten Tag habe ich mit der Erzieherin nochmal darüber gesprochen und deutlich gemacht, dass ich dieses »Wegschließen« von Katharina – völlig unabhängig von dem Rausschneiden am Vortag – nicht möchte und dass es noch andere Lösungen geben muss. Das Team hat sich dann so organisiert, dass immer jemand in dieser Zeit bei Katharina geblieben ist. Schade, dass das eigentlich nicht selbstverständlich war!

Es gab einen Gesamtelternabend im Kindergarten mit dem Thema »Aggressionen im Kindesalter«. Eine gute Veranstaltung: gut vorbereitet, eine erfahrene Referentin und interessierte Eltern. Aggressionen wurden von verschiedenen Standpunkten aus beleuchtet und erklärt. Am Gesichtsausdruck der Eltern und der Erzieherinnen sowie an den Wortmeldungen konnte man Zustimmung oder Wiedererkennen feststellen.

Ich dachte mir während der Veranstaltung, dass das wohl auf mein behindertes Kind nicht zutrifft, aber eben auf unsere nicht behinderten Kinder, und deshalb sitze ich ja auch hier.

Am Ende der Veranstaltung fragte eine Teilnehmerin, die nicht zu dem Kreis der jetzigen Kiga-Eltern gehört, aber einen 21-jährigen behinderten Sohn hat, wie das denn mit den nicht-sprechenden Kindern sei, und ich platzte direkt in die Menge. Ich erzählte so ziemlich ohne ein Blatt vor den Mund zunehmen von Ninas Aggressionen, die ich nicht zu deuten weiß, weil ich einfach nicht weiß, was sie will, von den Aggressionen, die sich bei mir aufbauen, eben weil ich nicht weiß, was sie will, von den Streitigkeiten unter den Geschwister, die sich aufgrund ihrer fehlenden Sprache ergeben, von dem wenigen Verhandlungsspielraum, der bei ihren Brüdern einfach da ist.

Die zuhörenden Eltern waren sehr aufmerksam, aber deuten konnte ich die Gesichtsausdrücke nicht wirklich. Mütter, deren Kinder ebenfalls nicht sprechen, haben mich ganz genau verstanden und zugestimmt. Es wurde davon gesprochen, dass dieses Thema viel zu kurz gekommen sei und bald nachbearbeitet werden müsste. Auf dem Nachhauseweg unterhielten Ludwig und ich uns über die möglichen Gedanken der Zuhörer. Waren sie überrascht über soviel Aggression in unserer Familie? Oder erkannten sie so manche Situationen bei sich selbst?

Eins aber war klar: So deutlich hätte es keiner gesagt.

Es ist ja auch nicht einfach, vor versammelter Mannschaft unschöne Familiensituationen offen darzulegen, aber manchmal muss es eben sein, sonst versteht uns ja keiner. Schließlich fordern wir als betroffene Eltern immer wieder Verständnis ein. Ludwig und ich waren uns schnell einig, dass wir den Mut die Schwierigkeiten, die wir wegen der Behinderung von Nina über ein »normales« Maß hinaus haben, auch mal deutlich zu formulieren, zum größten Teil der Auseinandersetzung mit diesem Thema verdanken; und das in der Gruppe mit ähnlich Betroffenen. Da gibt es eine mittlerweile gut befreundete Familie, viele Einzelveranstaltungen, wir gehen regelmäßig zum Down-Syndrom-Stammtisch einmal monatlich und vor allen Dingen gibt es meine 14-tägige Dienstagsgruppe. Da treffen sich sechs Mütter unterschiedlich behinderter Kinder. bei der Lebenshilfe Frankfurt und besprechen mehr oder weniger konsequent »besondere Alltagsprobleme«. Es hilft zu wissen, dass man nicht alleine dasteht mit seinen Schwierigkeiten, dass es Menschen gibt, die einen mit seinen Problemen und Gefühlen rund um die Behinderung des eigenen Kindes verstehen, es stärkt im Umgang mit dem Umfeld und spornt an zu mehr Öffentlichkeitsarbeit und Protest.

Schon einige Male ist es mir passiert, dass ich ein Problem auf mich zukommen sah, das sich in ähnlicher Form bereits bei einer der anderen Mütter ergab. Deshalb packt das Überraschungsmoment nicht voll zu, denn irgendwie ist man innerlich vorbereitet. Im Umgang mit den Kindern selbst hilft der Erfahrungsaustausch mit den anderen Eltern, sei es bei Fragen von Geduld und Verständnis im richtigen Maß (was ist das richtige Maß bei welcher Behinderung?) oder auch den Fragen von Konsequenz und Grenzen in der Erziehung (wie weit ist das überhaupt möglich?) usw. Denn wir Eltern scheinen ein Stück Selbstbewusstsein und Selbstvertrauen zu verlieren, wenn ein behindertes Kind zur Welt kommt; dies gilt es wieder aufzubauen, und das geht gemeinsam wesentlich leichter als alleine.

Im Nachgang zu dem Gesamtelternabend sind mehrere Mütter behinderter Kinder auf mich zugekommen, um sich zu bedanken. Es sei gut gewesen in der Veranstaltung, genau das mal zu sagen. Diese Mütter konnten mich verstehen und hatten das Gefühl, selbst besser verstanden zu werden, sie würden sich trauen, zukünftig Probleme besser beim Namen zu nennen, denn schließlich sind ihre Kinder ja auch in einem integrativen Kindergarten.

Und tatsächlich: Die Woche darauf war Elternabend in der Gruppe von Felix. Thema war nicht ausdrücklich Behinderung oder Integration, aber es entwickelte sich eine sehr offene Gesprächsrunde, in der sich zwei andere Mütter das erste Mal trauten, die Schwierigkeiten ihrer behinderten Kinder und auch ihre eigenen öffentlich und deutlich auszusprechen. Ich glaube, das Benennen der Probleme ist ein erster großer Schritt zum Abbau von Hürden, die einfach erst mal da sind zwischen Eltern behinderter und nicht behinderter Kinder.

Obwohl Felix als nicht behinderter Junge in dieser Gruppe ist und ich eigentlich an seinem Elternabend nicht über Nina sprechen wollte, konnte ich durch die Erfahrungen mit Nina auch ein großes Stück zum Abbau dieser Hürden beitragen, weil ich trotz Ninas Down Syndrom Elternstolz empfinde und mittlerweile stark genug bin, das in der Öffentlichkeit zu zeigen.

Am Anfang war das ganz und gar nicht so. Ich erinnere mich noch gut an die Rückbildungsgymnastik einige Wochen nach Ninas Geburt. Da kamen Mütter zusammen, die sich vorher nie gesehen hatten und erzählten direkt drauflos. War ja auch ganz klar, sie hatten alle etwas Gemeinsames: Elternstolz. Sie erzählten vom Stillen und von Windeln, von schlaflosen Nächten und dem überstolzen Papa. Wie gerne hätte ich da mitgemischt, aber ich konnte nicht mal Piep sagen, mir steckte ein Kloß im Hals, der einfach nicht runterrutschen wollte. Ich hatte soviel damit zu tun, nicht lauthals loszuweinen, hier vor wildfremden Leuten – oh nein!!

Aber auf dem Nachhauseweg liefen die Tränen nur so. Drei-, viermal nahm ich Anlauf, mit meinem Mann zu reden, saß dann aber erst im Garten und versuchte, mich zu beruhigen. Später ging ich in die Wohnung. Bei Ludwig habe ich dann nur auf die »blöden Weiber« geschimpft. Sollen die sich nicht so anstellen, für die scheint nichts wichtiger im Leben zu sein als die Frage nach Pampers oder Fixies, ob das Kind jetzt grüne oder braune Kacke hat. Wie gerne würde ich die Nacht zwei- und dreimal aufstehen, um Nina zu stillen, wenn Nina nur ordentlich trinken würde, wie gerne würde ich von Ludwigs Vaterstolz erzählen. Es gab da aber keinen Stolz, keine wirkliche Freude, es gab nur unsere Trauer, Hilflosigkeit und Angst.

Den Kurs hab ich dann abgebrochen, bin aber direkt in einen anderen Kurs gegangen, bei dem man das Baby auch mitbringen durfte. Nina war also gleich beim ersten Mal dabei, und ich wollte dieses Trauergefühl nicht überall mit hinnehmen, ganz im Gegenteil, ich wollte Nina mitnehmen und auch gleich dazu sagen, dass Nina Down Syndrom hat.

Diese fragenden Gesichter, die traurigen Minen wollte ich umgehen, sie sollten alle sehen, dass trotz Behinderung ein kleines hilfloses Baby da war, das unsere Liebe und Fürsorge braucht wie alle anderen erst mal auch.

Dieser Kloß kommt heute immer mal wieder zum Vorschein, zum Beispiel wenn ich sehe, wie andere 5-jährige Mädchen sich verabreden, sich gegenseitig einladen, manchmal sogar über Nacht, wie sie sich »beste Freundin« nennen und vieles mehr.

Vor Zeiten erstand ich ein kleines Buch mit vielen leeren Seiten handgeschöpften Papieres in schmalem Hochformat, hergestellt in Indien. Eingebunden ist es in blaß lila und grünem Brokat mit goldglänzenden Blütenornamenten und einem kunstvoll geflochtenen Bändchen, das die Seiten zusammenhält und dessen langes Ende als Lesezeichen dienen kann.
Im Sommer 2001 fing ich an, das zartgraue Papier mit schwarzer Tinte zu beschreiben. Ich gebe hier meine Gedanken daraus wieder:

Dieses Buch fange ich in der Mitte an
geordnet von links
nach rechts – aber in
der Mitte
von was? Von mir?
Meinem Leben.
Marvin – ja mit ihm
hat sich so vieles
gedreht, auf den Kopf
gestellt, Wichtiges von
früher wird uninteressant,
Banalitäten geben
immense Denkanstöße.
Mitten im Leben
stehen! Oder liegen!
Falsch liegen,
nicht »falsch stehen«.
Ist auch alles dran?
Naive Frage! Motto:
kann doch nichts passieren
mir doch nicht, uns
doch nicht.
Amniozentese, na klar,
ein Junge

war schön
dass ich es wußte.
Das Geschlecht gab's –
für Marvin in Form von
blauem Nickistrampler:
»Befund negativ«
»das ist doch positiv!«
gedankenlos
zusammen über 70
deswegen grünes Licht!

Marvin
morgen gehst du
du wirst gegangen
nein: du gehst
morgen das letzte Mal
als Kindergartenkind
in deine grüne Gruppe!
Ein Abschied auf Raten
Seit dem Abschiedsfest
vor wieviel Wochen noch
so weit entfernt
deine Mama, jetzt mit
vollgestopftem Bauch
Frust, egal, Midlife
Kopfweh vor Verspannung
verdrehtem Kniegelenk
gedrehte Welt.
Wohin wird sich unser
Blick wenden?

Ins Innere
Werte suchen
Zeitreise, Remembering
»Ich sah dich an
und du gabst den Blick
zurück.
Wir faßten uns mit
den Augen bei den Händen.«

Ein guter Spruch für
Verliebte dachte ich
in jungen Liebesjahren
vor Jahrzehnten, vor
vielen Erfahrungen.
Zum Ansehen gehört
so viel! Deine Augen
wichen meinen aus –
irgendwie drehte dein
Kopf immer ab, schöne
riesige blaue, strahlendes
blau – mit langen
gebogenen Wimpern umrahmte
blickten ins Leere
oder in eine andere Welt.
Nicht suchend, eher
wissend, dass da anderes
ist
ich konnte aber nichts
entdecken, bebrillte
Erwachsenenaugen in
rationalem Kopf mit
allem Gelernten, Erlebten
innendrin.
Du gabst den Blick
zurück, zufällig,
irritiert, aufgefangen.
Ich hab ihn aufgefangen
und dein erstes
Lächeln entdeckt.
Hast du schon immer
gespürt, dass es da doch
noch was zu entdecken gab?
Da wußte ich, was
die Entwicklungspsychologiebücher
mit »Meilenstein« meinten.
Es ließ sich wiederholen!
Nicht nur ein Zufall,
Verknüpfung von Muskelbewegungen.

Eine Schwalbe macht
noch keinen Sommer.
Solche Situationen
säten sich nur spärlich
in unser Leben
auch noch jetzt – Jahre
später braucht es große
Anstrengung dein Lächeln
zu finden, zu zeigen.
Sozialkontakte
Freude, ein Sich-Verstehen

Tränentreibend das
erste Mal vor Glück
immer noch, immer wieder
vor Freude, dass wir solchen Spaß miteinander
haben. Dein Ausdruck
für sich Wohlfühlen
schön, dass du einen Weg
gefunden hast, es zu zeigen
so wie wir es gewohnt
sind in dieser Gesellschaft.
Zusammen gackern,
die Köpfe zusammenstecken,
sich wohl fühlen.
Dein Kopf drehte hin und
her; am Haar war dies
an einer filzigen Stelle
zu sehen;
Mützenseitenteile rutschten
dir vors Gesicht.
Deine Augen fanden
nicht die Mitte,
wenn der Kopf sich
ständig bewegt.
Du hast auch gelernt
deinen Kopf aufrecht
zu tragen, anstrengend

für alle anderen
Körperteile, die sich
irgendwie Halt in Verdreh-
und Verwindungen suchen
S-förmig, gedreht
Innen, außen, kurz, lang
bucklig,
zur Korrektur auserkoren
orthopädisch schwer
in den Griff zu bekommen.
Wer begreift?
Am Ende brauchst du Halt,
den geben wir dir.
Zumindest ist es unser
Bestreben
und nun dreht sich
die Welt wieder.
Deine Welt!
Vier Jahre Kindergarten-
Zeit verging – gut!
Das Gewohnte verlassen
wir jetzt alle.
Morgen sagen wir
»Auf Wiedersehen«
Ein Wiedertreffen nach neu
gemachten Erfahrungen,
wann? Wie hängt man
an Vergangenem?
Steter Tropfen höhlt den Stein,
pulsierendes Blut
den Knochen.

Die Kleinen werden groß: Schulkinder-Abschiedsfeier im Kindergarten. Ein weiterer Schritt der Abnabelung beginnt. Ein Stück näher zur Selbständigkeit.

Nora braucht mich noch sehr.

Die acht großen Kinder führen ein Theaterstück vor. Nora ist auch dabei und darf ein Ausrufezeichen an die Tafel malen – mit Unterstützung versteht sich.

Danach flöten einige Kinder etwas vor.

Nora kann nicht flöten. Nora hat nicht mal eine Vorstellung von Noten. Aber Nora mag Musik sehr gerne und singt viel!

Drei Kindergartenjahre gehen zu Ende – Zeit für einen Rückblick.

Eine integrative Einrichtung hatten wir gesucht und gefunden. Nach großem Bangen bekamen wir doch tatsächlich einen Platz. Große Freude. Jetzt sind die drei Jahre schon vorbei, so ist es auch ein trauriger Moment. Traurig, weil wir uns hier gut aufgehoben gefühlt haben, behütet, sehr gut angenommen und integriert. Die Erzieherinnen waren immer bis zum Äußersten bemüht, uns wurde immer entgegengekommen und freundliche, aufklärende Gespräche wurden geführt.

Traurig sind wir auch, weil wir wieder einen Schritt weitergehen müssen und dabei feststellen, dass bei uns doch nicht alles »normal« läuft. Abitur 2016 – ein unerreichbares Ziel für uns.

Doch wir gehen mutig weiter, denn unser Weg führt uns weiter in die Integration.

Integration – nicht nur ein Wort, das wir im Kindergarten mal mehr, mal weniger gut mit echtem Leben gefüllt (bekommen) haben. Danke dafür.

Danke, dass Integration auch nach 14.00 Uhr weitergeht.

Danke für Nachmittage bei einem anderem Kind.

Danke für Einladungen zu Kindergeburtstagen.

Es ist nicht selbstverständlich, ein behindertes Kind einzuladen. Das wissen wir schon lange. Es ist etwas ganz besonderes.

Kapitel 9

Schule

Schulwahl

Ich möchte davon erzählen, wie wir zu Anas Schule kamen. Kaum war Ana ein halbes Jahr im integrativen Kindergarten, bekamen wir auch schon eine Einladung von der Lebenshilfe zu einem Infoabend die aktuelle Schulsituation der Kinder mit sonderpädagogischem Förderbedarf betreffend. Ana war gerade vier Jahre geworden, und es schien mir eigentlich zu früh, mich schon jetzt damit zu befassen. Aufgrund der unklaren Genese wollten wir erst einmal abwarten, wie Ana sich weiterentwickelt. Es stand fest, dass Ana nicht altersgemäß entwickelt ist und kaum sprechen konnte. Wir hatten jedoch immer die Hoffnung, dass sie alles durch die vielen Therapien nachholen würde. (Im nachhinein denke ich, wir waren sehr naiv.) Andererseits dachte ich mir, ein erster Überblick, was es für Schulen gibt, insbesondere für Kinder mit besonderem Förderbedarf, kann nicht schaden. Also ging ich zu diesem Infoabend. Ich kann mich eigentlich nur dunkel daran erinnern und auch nur, dass ich sehr schockiert war, wie schlecht die Situation war, für unsere Kindern die richtige Schule zu finden. Auch die Lage der Integration in den Regelschulen solle nicht ganz einfach sein, da es viel zu wenig Plätze und zu viele Bewerber gab.

Ab diesem Abend wußte ich, dass in Bezug auf die Schule noch einiges auf uns zukommen würde, sollte Ana nicht in die Regelschule kommen. Ich fing an, mir konkrete Vorstellungen zu machen, wie die Schule für Ana aussehen könnte. Mein größter Wunsch war, dass Ana in unserem Stadtteil zur Schule geht. Ich wußte, seitdem Ana in einem anderen Stadtteil in den Kindergarten ging, wie schwer es für sie ist, bei uns Kinder zum Spielen zu finden bzw. Freundschaften zu schließen. Auch über das Kinderturnen kamen keine Kontakte zustande, da die anderen Kinder sich ja vom hiesigen Kindergarten gut kannten. Dann kam noch erschwerend hinzu, dass Ana sehr schüchtern und zurückhaltend war und sich auch sprachlich nicht verständigen konnte. Im Kindergarten verstand sich Ana mit dem einen oder anderen Mädchen ganz gut. Nur war ich es leid, ständig mit den Müttern nach Terminen zu suchen, damit unsere Kinder mal zwei Stunden miteinander spielen konnten. Manchmal hatte ich sogar das Gefühl, sie um einen Gefallen zu bitten! Ich war es auch leid, alles genau zu planen, wie z. B. das Abholen oder Hinfahren. Das war alles so kompliziert für die anderen Mütter. Obwohl wir jede Menge Therapietermine hatten, ließ sich bei uns fast immer irgendwie ein Spielnachmittag einrichten. Diese Treffen waren auch sehr selten, und wenn etwas zustande kam, war ich diejenige, die die Kinder abholte und wieder nach Hause fahren musste.

Ich erhoffte mir, dass, wenn sie dann bei uns in die Schule geht, sie auch einfach mal spontan zu einem Kind um die Ecke spielen gehen kann. Weiter wünschte ich mir, dass Ana zusammen mit nicht behinderten Kindern unterrichtet wird, natürlich ohne dass irgendein Kind Nachteile dadurch hat. Sie sollte dort auch entsprechend gefördert werden. Sie sollte nicht nur dabei sein dürfen, sie sollte wirklich auch etwas lernen.

Da Ana andere Kinder genau beobachtete, konnte sie sie wunderbar kopieren. Sie lernte dadurch viel von den anderen Kindern (nicht nur gute Dinge!). Also schien uns ein Platz für den »gemeinsamen Unterricht« in einer Regelschule für sie vielleicht geeignet. Als ich dann noch erfuhr, dass in unserem Stadtteil eine Grundschule eine Integrationsklasse hat, war ich überaus glücklich. Ich sah gute Chancen für Ana, einen Integrationsplatz dort zu bekommen. Jedoch nach einem Anruf in der Schule sah alles anders aus. Man teilte mir mit, dass es bereits eine integrative Klasse gibt und dass erst wenn diese Klasse die Grundschulzeit beendet, man eine neue integrative Schulklasse bilden würden. Nun bedeutete dies, wenn Ana schulpflichtig wäre, diese Klasse noch nicht beendet sein würde und auch keine neue Integrationsklasse gegründet werden könnte. Das brachte mich wieder auf den Boden der Tatsachen, und daher ließ ich das Thema Schule erst einmal für ein Jahr ruhen.

Mit der Informationsveranstaltung der Lebenshilfe »Ich wünsche mir eine Schule für mein Kind« ging dann die Suche nach der Schule für unser Kind erst richtig los. Denn auch an diesem Abend kam heraus, dass sich die Lage in Bezug auf Schulen für Kinder mit besonderem Förderbedarf nicht gebessert hat, sondern eher eine Verschlechterung in Sicht sei. Da gab es einmal die staatlichen Schulen, die würden sich automatisch an uns wenden, oder die Privatschulen, wie eine integrative Schule und eine Sonderschule für Waldorf- und Heilpädagogik, die nur eine begrenzte Zahl an Plätzen hatten.

Also fingen wir mit den Privatschulen an. Im März beim Tag der Offenen Tür schauten wir uns zunächst die Integrative Schule an, da diese doch unseren Vorstellungen am nächsten kam. Die Schule gefiel uns gleich gut, und wir konnten uns Ana auch gut in dieser Schule vorstellen. Zwar war sie nicht in der Nähe unseres Stadtteils, aber sonst war alles perfekt. Der Haken war eigentlich nur, dass es eine Unmenge von Bewerbern für nur vier Integrationsplätze gab. Ich konnte mir nicht vorstellen, dass wir zu einem dieser Glücklichen gehören würden. Wir wollten nicht gleich aufgeben und meldeten Ana dort an. Die Mitteilung, ob Ana die integrative Schule besuchen kann, sollte Ende des Jahres eintreffen.

Im April hatten wir auch ein Gespräch mit der Erzieherin im Kindergarten. Sie teilte uns mit, dass Ana nicht mehr ausreichend im Kindergarten gefördert werden könnte und dass sie eigentlich nächstes Jahr in die Schule gehen könnte. Ich weiß nur, ich war irgendwie enttäuscht und konnte auch nicht verstehen, dass mein Kind dort nicht mehr gefördert werden konnte. Außerdem hatte ich gehofft, dass man uns die Möglichkeit, ein weiteres Jahr Kindergarten eventuell noch anzuhängen, zumindest anbieten würde, falls wir nicht die richtige Schule für Ana finden. Ich dachte auch, dass der Kindergarten uns in bezug auf Schule hätte besser beraten können, da sie ja unser Kind kannten. Die Erzieherin empfahl uns für Ana aber auch nur die Integrative Schule.

Als Alternative zur Integrativen Schule riefen wir bei der Waldorf-Sonderschule an und vereinbarten ein Gespräch Anfang Mai. Was wir da hörten, war sehr interessant und auch ganz neu für uns. Wir hatten uns noch nie mit der Waldorfpädagogik befaßt. Auch wenn es eine Sonderschule war, waren wir nicht ganz abgeneigt. Man bot uns an, dass Ana drei Wochen die Eingangsstufe zur Probe besucht, um sie näher kennenzulernen und um zu sehen, ob sie in die Gruppe passt. Ich fand das auch ganz gut. So hatte ich auch Gelegenheit zu sehen, wie Ana sich dort fühlt und konnte mir den Unterricht näher ansehen.

Ich fuhr sie morgens um 8.30 Uhr hin und holte sie um 12.00 Uhr mittags wieder ab. Die anderen Kinder kamen fast alle mit Taxis. Ana würde bei Aufnahme in diese Schule ebenfalls mit dem Taxi fahren. Ein

Fremder sollte meine Tochter in die Schule fahren! Ana konnte kaum sprechen und könnte mir nicht mitteilen, wenn auf der Fahrt etwas vorgefallen wäre! Ich hatte kein gutes Gefühl dabei. Außerdem hätte ich sie doch am liebsten selbst zur Schule begleitet, so wie es die anderen stolzen Mütter machen, wenn ihre Kinder in die erste Klasse kommen. Wobei ich darüber nicht näher nachdenken wollte.

Ana ging vom ersten Tag an gerne hin, und es lief auch von Seiten der Lehrerin alles ganz gut. Noch bevor die Probezeit beendet war, teilte uns die Lehrerin mit, dass Ana nach den Sommerferien in die Eingangsstufe aufgenommen werden könnte. Wir waren doch sehr überrascht, dass wir plötzlich einen Schulplatz für Ana hatten. Ana sollte doch erst nächstes Jahr in die Schule kommen, und wir wollten uns eigentlich nur informieren. Aber im Grunde genommen waren wir auch damit einverstanden, denn vom Kindergarten hatten wir nichts mehr zu erwarten und etwas anderes gab es zu diesem Zeitpunkt nicht. Daher entschlossen wir uns, es einmal auszuprobieren, und vor allen Dingen ging Ana auch wirklich gerne in diese Schule. Zu diesem Zeitpunkt war ich mir noch gar nicht sicher, ob das die richtige Schule für Ana war. Wir warteten ja auch noch auf eine Antwort von der Integrativen Schule, die im Dezember kommen sollte.

Nach zwei Monaten konnte Ana alle Kinder in ihrer Gruppe imitieren (Haare ziehen, Stimmen und Bewegungen nachmachen u. a.), alles, was sie eigentlich nicht lernen sollte. Damit versuchte sie, sich dann auch den Anforderungen, die man an sie richtete, zu entziehen, wie z. B. in den Therapien. Das war ein riesiger Rückschritt für uns, und ich war sehr unglücklich darüber. Bald fing sie auch an, die anderen Kinder zu ärgern oder zu irgendwelchen Streichen zu animieren. Das war schrecklich, und ich war so unzufrieden. War das die richtige Schule?

Im November schaute ich mir die öffentliche Schule für Praktisch-Bildbare an, die Schule, in die Ana wahrscheinlich hätte gehen müssen. Dort konnte ich mir Ana überhaupt nicht vorstellen. Im Dezember kam dann auch die Absage von der Integrativen Schule. Jetzt war alles aus, kein Lichtblick mehr in Sachen Integration. Nachdem das Verhalten von Ana in der Eingangsstufe nicht besser wurde und man in der Schule beobachtet hatte, das sie sich mit Kindern aus der 1. Klasse gut verstand, hatten die Lehrer die Idee, dass Ana ein paar Tage den Unterricht in der 1. Klasse besuchen könnte. Man fragte mich, ob ich etwas dagegen hätte. Natürlich war ich damit einverstanden, da ich selbst nicht zufrieden war, wie es zur Zeit lief.

Ana fand das ganz toll. Von den Schülern der 1. Klasse wurde sie auch gut aufgenommen, und da es so gut lief, wollte die Lehrerin, dass sie probeweise drei Wochen am Unterricht richtig teilnimmt. Das klappte auch gut. Ich bekam einen weiteren Anruf, in dem man mir mitteilte, dass Ana nach den Osterferien in der ersten Klasse bleiben könnte, wenn wir nichts dagegen hätten. Plötzlich war Ana in der ersten Klasse! Irgendetwas fehlte: Wir haben keine richtige Einschulung miterleben können mit Schultüte und allem, was da halt dazugehört. Es war ein seltsames Gefühl. Trotzdem machten wir das Beste daraus. Ana bekam von mir eine Schultüte gebastelt, und an ihrem ersten offiziellen Schultag gab es ein großes Fest zu Hause.

Ich hatte den Eindruck, wir und Ana haben einen wichtigen Lebensabschnitt verpasst. Es war auch so! Wir haben die Freude nicht erlebt, wenn der Erstklässler bei der Einschulung aufgerufen wird und er ganz stolz mit seinem Schulranzen vor zu seiner Lehrerin läuft. Ich habe diese leuchtenden, tränengefüllten Augen der anderen Eltern und Kinder gesehen!

Es ist kaum zu glauben, da gibt es eine Sendung im Fernsehen über integrative Beschulung, es wird sogar Hessen und dann explizit Frankfurt erwähnt, und schon glaubt alle Welt um mich herum: »Das ist ja toll, was heutzutage alles für die Behinderten gemacht wird – in so eine Schule wird Nina dann ja auch gehen!«

So ein Quatsch. »So einen« Schulplatz zu ergattern ist fast nicht möglich und hat viel mit Glück zu tun. Soll ich jetzt schon von Glück reden, dass wir hier in Frankfurt wohnen, wo mehr integrative Schulplätze angeboten werden als im übrigen Hessen?

Tatsache ist, dass die vielen, vielen Bemühungen der letzten Jahrzehnte für mehr Integration im Schulwesen nur ausgereicht haben, max. 10% aller Kinder mit sonderpädagogischem Förderbedarf der Stadt Frankfurt einen »solchen« Schulplatz in einer Grundschule zu sichern. Hier sind die Privatschulen schon mitgerechnet. »Na immerhin«, denken einige. Die genauen Zahlen werden vom staatlichen Schulamt nur ungern herausgegeben. Es sind pro Jahr an die 400 Kinder mit sonderpädagogischem Förderbedarf, wovon ca. die Hälfte zum gemeinsamen Unterricht durch ihre Eltern angemeldet wird, also 200. Wenn dann alles gut läuft, können ca. 38 Kinder auf integrative Schulplätze verteilt werden.

Und weiter bleibt zu bemerken, dass diese wenigen Integrativplätze unter der CDU-Landesregierung in großer Gefahr sind, gestrichen zu werden.

Konkret bedeutet das für Nina, die neun Tage nach dem Stichtag für Schulanfänger geboren wurde, dass sie mit sieben Jahren ein Regelschulkind sein wird. In der für uns zuständigen Grundschule wird zwar tatsächlich integrativer Unterricht angeboten – was für ein Glück! Aber just in dem Jahr von Ninas Regelschulanfang nicht, denn an der Schule sind nur drei Sonderpädagogen, die in Folge jeweils in einem Schuljahr unterrichten, Nina erwischt die Lücke – was für ein Pech! Seit mehreren Jahren bemüht sich die Schule um eine vierte sonderpädagogische Kraft – vergebens. Es werden keine neuen Sonderpädagogen für den integrativen Unterricht vorgesehen – nicht an dieser Schule, nicht in Frankfurt und nicht in Hessen. Wir müssen froh sein, dass uns die Drei nicht weggenommen werden, heißt es. Selbst wenn diese vierte Stelle besetzt wäre, bleibt die Frage ungeklärt: Würde denn Nina ein integrativer Schulplatz zugesprochen werden? Das ist abhängig davon, wie viele andere Kinder mit Behinderung bzw. von Behinderung bedroht sich aus dem Zuständigkeitsbereich der Schule anmelden, wie sich die verschiedenen Behinderungen für einen Sonderpädagogen darstellen, der eine gute Gruppenabstimmung vornehmen muss, ob sich die Sonderpädagogin überhaupt vorstellen kann, ein Kind mit Down Syndrom zu unterrichten und vieles mehr.

Sollen wir Nina dann noch ein Jahr zurückstellen lassen, sie also erst mit acht Jahren in die Schule schicken? Fünf Jahre Kindergarten erscheint mir viel zu lang, sie tut sich jetzt schon schwer zu hören, welches die Schulkinder in ihrer Kindergartengruppe sind und welche eben noch »klein« sind. Ein viertes Jahr kann ihr in ihrer Entwicklung gut tun, ein Fünftes wird eher Frustration bedeuten. Und dann auch noch ohne die Gewissheit, tatsächlich einen Grundschulplatz im gemeinsamen Unterricht zu bekommen. Die Anmeldung an einer anderen staatlichen Schule, die integriert, ist eher aussichtslos, denn die Kinder der Wohnortnahen werden bevorzugt, was ja auch sinnvoll ist.

Also bleibt nur noch die Privatschule Integrative Schule Frankfurt in evangelischer Trägerschaft; nicht dass das die letzte Rettung sei – nein –, ganz im Gegenteil, das ist genau die Schule, die ich mir für Nina wünsche. Nur auf vier Plätze im Schuljahr kommen bis zu 40 Anmeldungen von behinderten Kindern. Die Chance, hier einen Platz zu bekommen, ist eher gering bis sehr gering. Selbst wenn wir für Nina einen Platz bekommen würden, die ganze Situation ärgert mich trotzdem fürchterlich. Wir stellen uns vor, alle unsere Kinder in die gleiche Schule, in integrative Klassen natürlich, zu schicken. Zumindest während der Grundschulzeit werden wir es uns wahrscheinlich leisten können, aber was ist mit all den Vielen, die den Gedanken an eine Privatschule erst gar nicht aus finanziellen Gründen zulassen? Oder nicht angenommen werden können? Was ist mit all den behinderten Kindern, denen es wirklich gut tun würde, mit anderen nicht behinderten Kindern zusammen zu lernen – und umgekehrt? Und welche Chance für die gesellschaftliche Entwicklung wird da für die nicht behinderten Kinder einfach nicht genutzt? Das ist nicht einer integrativen Privatschule anzulasten, ganz im Gegenteil, es ist der politische Wille, der auf dem Rücken aller Kinder ausgetragen wird.

Die Schule, die für Nina mit ihrer geistigen Behinderung zugedacht ist, ist die Schule für Praktisch-Bildbare. Hier in Frankfurt gibt es nur eine, die zwar in einem neuen, sehr schönen Gebäude untergebracht ist, aber ein großes Platzproblem hat. Denn es werden immer mehr Kinder, die dort aufgenommen werden sollen. Die Schule muss in zwei Schichten unterrichten, und es gibt noch ein großes personelles Problem. Es fehlen Sonderschullehrer und pädagogische Fachkräfte in allen Bereichen. So werden ca. acht Kinder in einer Gruppe unterrichtet, die in ihrem Betreuungsaufwand von wenig bis sehr hoch gestaffelt sein sollen; allerdings ist der Anteil an besonders betreuungsintensiven Kindern in den letzten Jahren stark gestiegen. Aufgrund dieses erheblichen Mehraufwandes ist es für die Schule zurzeit nicht machbar, zum Beispiel Lesen und Schreiben überhaupt anzubieten, geschweige denn einzuüben.

Nun gut, ich denke, ich werde mich damit abfinden können, dass Nina nie perfekt Lesen und Schreiben können wird. Ich kann mich aber nicht damit abfinden, dass es in ihrer Schulzeit nicht ernsthaft versucht wird, ihr beizubringen, zumal es jeder Lehrplan – auch für geistig Behinderte – zwingend vorschreibt. Aber was nutzt uns das Recht darauf, wenn es einfach nicht praktiziert wird bzw. praktiziert werden kann?

Zwischenzeitlich hat Nina die Prozedur der Schulprüfungen hinter sich gebracht, wir haben einen Antrag auf Einschulung als »Kannkind« gestellt. Es gab eine medizinische Untersuchung (ca. eine Stunde) und eine sonderpädagogische Überprüfung (ca. anderthalb Stunden). Beides Termine in der »praktisch bildbaren« Schule. Bei der Sonderpädagogin wurden wir zum Schluss noch zu einem kurzem Gespräch gebeten, um den Entwicklungsstand zu besprechen. Ach ja, ganz nett, uns gegenüber wurde ihre Gebärdensprache sehr lobend erwähnt und auch sonst sei Nina ganz gut bei der Sache, für Down Syndrom versteht sich. Nun wären wir an der Reihe, wir sollten Fragen stellen, die uns auf dem Herzen liegen. Wir waren natürlich an dem Schulalltag interessiert, aber am dringlichsten erschien mir doch die Frage nach dem Lesen. Wir fragten also, was die beiden Pädagoginnen denn nun zu Ninas Leseanfängen sagen würden und wie sie mit nicht sprechenden Kindern umgehen. Die Antwort hat uns verblüfft: Es kamen nämlich nur Ausflüchte bzgl. der gebärdenunterstützten Kommunikation. Ich glaube, da sind wir inzwischen besser als viele Sonderpädagogen. Und was war da gemeint mit Lesen? In der Überprüfung wurden keine Buchstaben oder Wörter abgefragt. »Kann Nina lesen?« »Na ja, lesen kann man das nicht nennen, Sie kennt 20 Buchstaben, zum Teil in Klein- und Großschreibweise, und erkennt einige Wörter.« Anschließend liest Nina Buchstaben vor, die auf einem großen Bilderbuch standen, zum Teil als Gebärde zum Teil als Laute.

Dies hat wiederum die Prüfenden verblüfft: »Bei uns an der Schule ist man erst etwa in der fünften Klasse so weit.« Da frage ich mich doch: Wo bleibt denn dann Ninas Förderung? Kann denn kein individueller Unterricht gestaltet werden? Wie reagieren Kinder, die permanent unterfordert werden? Warum gibt es für geistig Behinderte keinen differenzierten Unterricht oder eine größere Schulvielfalt?

Fragen über Fragen, aber für die Beantwortung scheint sich keiner zuständig zu fühlen.

Ich habe das Gefühl, die Gesellschaft verlangt von uns Eltern, dankbar dafür zu sein, dass unsere Kinder überhaupt einen Schulplatz bekommen, wir sollen keine Ansprüche stellen.

Aber wir tun doch nichts anderes als andere Eltern auch – wir versuchen, unserem Kind die bestmöglichen Lebens- und Entwicklungschancen zu geben.

Gedanken über Katharinas Schule habe ich mir schon vor dem Kindergartenstart gemacht, und auf unserem ersten Schulelternabend waren wir, bevor Katharina drei Jahre wurde. Ich weiß noch, wie ungerecht ich es fand, dass Eltern gezwungen sind, ihre Kinder in Schulen zu schicken, die weit weg sind, weil sie in der näheren Umgebung keinen Platz bekommen. Oft bleibt als Lösung nur das Internat. Andere Kinder bekommen keinen Platz im integrativen Unterricht, obwohl die Familie gerade wegen dieses Angebotes in einen bestimmten Stadtteil gezogen ist. Vor der »Endstation Sonderschule« scheinen die meisten Angst zu haben und befürchten mangelnde Förderung. Alles in allem gab es bei diesen Informationsveranstaltungen immer wenig Erfreuliches zu hören, und uns war klar, dass dieses Thema für uns bald sehr konkret werden würde.

Nach zwei Jahren Kindergarten wurde es dann sehr konkret: Es stand fest, dass Katharina nicht noch ein viertes Jahr im Kindergarten bleiben würde. Wenn ich ehrlich bin, habe ich auch gesehen, dass Katharina alleine von ihrer körperlichen Entwicklung ein Schulkind geworden ist. Die Möglichkeiten der Förderung und vielleicht auch des Handlings sind im Kindergarten auf der anderen Seite langsam an ein Ende gestoßen. Trotzdem gab es auch Zeiten, in denen ich mir gewünscht hätte zu hören, dass Katharina selbstverständlich noch bleiben kann und dass sie willkommen ist. Das haben wir zu dieser Zeit fast nirgends gehört, und es hat mir mit Sicherheit sehr gefehlt!

Für uns in Frage gekommen sind in unserer Region zwei anthroposophische Privatschulen, die Schule für Körperbehinderte, die Schule für geistig Behinderte (= praktisch bildbar) sowie die Integrative Schule, die das Konzept der integrativen Kindergärten fortführt und einen gemeinsamen Grundschulunterricht für behinderte und nicht behinderte Kinder anbietet.

Bei meinem ersten Gespräch mit der Kindergartenleiterin über Katharinas zukünftige Schule wurde uns von ihr ein Internat empfohlen. Bis zu diesem Zeitpunkt hatten wir überhaupt nicht an eine solche Möglichkeit gedacht, und ich bin aus allen Wolken gefallen. Katharina mit sechs Jahren in eine Schule geben, die über hundert Kilometer entfernt ist? Auf dem Nachhauseweg sind mir die Tränen gelaufen, und es war mir schlecht. Auch G. war abends irritiert, als ich von diesem Vorschlag erzählte, aber er war gleich dafür, dass wir uns diese Schule ruhig anschauen sollten, auch wenn sie sowieso nicht in Frage kommen würde.

Also ging das Termine-Machen los, die Infoabende der Schulen, Anmeldeformulare ausfüllen, Vorstellungsbriefe schreiben usw. Eine der beiden anthroposophischen Schulen schied nach unserem ersten Besuch mit Katharina aus. Ein Lehrer arbeitet dort allein mit bis zu 12 Kindern, die alle so selbstständig sind, dass sie zumindest alleine laufen und alleine auf die Toilette gehen können. Eine Voraussetzung, die Katharina bis zum Schulbeginn nie erfüllt hätte. Auch hätten wir durch diesen Betreuungsschlüssel die individuelle Förderung, die Katharina braucht, nicht erhalten. Während meines Gespräches mit einer Lehrerin und Katharinas Frühförderer, der uns begleitet hatte, spielte Katharina mit der Lehrerin der Eingangsstufe. Diese schaute mich danach etwas verwirrt an und meinte, sie habe Katharina einen Stift gegeben, damit sie ein Bild male, aber Katharina habe nur in den Stift gebissen! Alles andere hätte mich ehrlich gesagt mehr als verwundert, aber mit so einem Kind ist anscheinend diese sonderpädagogische Schulform überfordert. Also war klar: Schule Nummer eins konnte von der Liste gestrichen werden.

Auch die anderen Schulen fielen nach und nach aus. Die Schule für Körperbehinderte konnte uns für Katharina nicht überzeugen, zumal die für sie zuständige staatliche Schule die Einrichtung für geistig Behinderte ist. Schon nach kurzer Zeit war uns auch klar, dass Katharina zu schwer behindert ist, um die Integrative Schule mit nicht behinderten Kindern zu besuchen. Am Tag der offenen Tür und an Infoabenden hat uns die Schulform zwar begeistert, aber wir konnten uns nicht vorstellen, dass ein Kind mit einem so großen Betreuungsaufwand wie Katharina hier optimal gefördert werden kann. Und unsere Tochter sollte auf keinen Fall der Buhmann der Klasse werden.

Interessanterweise wurde auch hier auf dem Infoabend gefragt, wie denn die weiterführenden Gymnasien diese Grundschulform beurteilen. Also wieder Integration für die nicht behinderten Kinder mit Blick auf die Karriereleiter für später? Als wir die Absage erhalten hatten, war das für uns keine Überraschung. Ich hatte mir allerdings schon überlegt, wie es wäre, eine Zusage zu bekommen und dann selbst mal eine Absage zu geben.

Also ging es an die nächsten Schulen! Unser Favorit für Katharina war eine andere anthroposophische Einrichtung mit kleinen Klassen, die aber das Niveau der Schüler nicht ganz so hoch angesetzt hat wie die erste Schule, die wir uns angeschaut hatten. Das Konzept gefiel uns gut für Katharina: Ein rhythmischer Tagesablauf mit zunehmendem Nachmittagsunterricht in den größeren Klassen. Dazu passte auch noch die organisatorische Seite, dass die Kinder mit dem Bus abgeholt und wieder nach Hause gebracht werden. Uns gefiel immer mehr diese Art der Heilpädagogik für Katharina, nämlich die Sicht auf den Menschen als Ganzes und nicht den Blick auf die Defizite. Im Kindergarten versuchte man, uns nicht zu viel Hoffnung auf einen solchen Schulplatz zu machen. Sollten wir es schaffen, wäre es ein riesiges Glück. Auch hier gibt es viel zu viele Bewerbungen auf wenige Plätze. Trotzdem hat man uns sehr unterstützt und Kontakte zur Lehrerschaft wurden aktiviert. Auch hier durchliefen wir das Bewerbungsverfahren mit Anmeldung, Infoabend, persönlicher Vorstellung usw.

Auf diesem Elternabend hatte ich das Gefühl, die Eltern zu sehen, die etwas »Besseres« für ihr Kind wollen. Tja, aber eigentlich wollten wir das ja auch für Katharina. Sie sollte die allerbeste Schule besuchen dürfen. Trotzdem war ich mehr als irritiert, als ein »Opa« fragte, ab welcher Klasse mit Fremdsprachen angefangen wird! Ich dachte, ich bin im falschen Film. Katharina kann nicht sprechen, wird es nie lernen, wir sind auf dem Elternabend einer Sonderschule, und es wird gefragt, wann mit Englisch angefangen wird. Es ist einfach nicht zu fassen. Dafür hatten die anderen Eltern noch nie etwas von unterstützter Kommunikation gehört. Sollte auch diese Schule einfach einen anderen Anspruch haben?

Schon kurz nach unserer persönlichen Vorstellung war klar, dass Katharina kein einfacher Kandidat ist. Uns wurde angeboten, dass sie einen Vormittag mit der Eingangsstufe verbringt, um sie besser kennenzulernen. Es kam wie von mir befürchtet: Katharina hatte dort nicht gerade ihren besten Vormittag. In fremder Umgebung, mit fremden Kindern und Betreuern und einem ihr völlig unbekannten Tagesablauf hat sie eben nicht angepasst reagiert, sondern sich auch lautstark verweigert. Beim Abholen wurde mir gesagt, wir sollen es nicht persönlich nehmen, aber ein Kind wie Katharina benötigt zuviel Aufmerksamkeit und Unterstützung, um sie in dieser kleinen Gruppe gut integrieren zu können. Und das Allerbeste: Sicher würde Katharina mehr können, wenn wir in den vergangenen Jahren einiges anders gemacht hätten! Aber jetzt frage ich: *Was* denn? Wieso kann jemand so etwas sagen, der die vergangenen Jahre gar nicht dabei war? Und leider, leider können mir Tipps für die Zukunft auch keine gegeben werden. Uns wurde also eine Internatsunterbringung in einer Kleinstklasse empfohlen. Ich weiß noch, dass ich G. über das Handy angerufen habe und ihn angebrüllt habe, dass die uns dort auch nicht nehmen. Es war wie eine kalte Dusche, und jemand hatte vergessen das Wasser abzustellen! Ich habe mich so ohnmächtig gefühlt. Das Gefühl zu haben, nicht willkommen zu sein und angenommen zu werden, ist schrecklich. Gleichzeitig bin ich so wütend, wütend auf besserwisserische Lehrer, ahnungslose Politiker und nichtwissende Mitmenschen. Ich glaube auch auf Katharina, die nicht weiß, was diese ganzen Besuche und Vorstellungen bedeuten.

All diese Schulvorstellungen und Gespräche liefen im Prinzip parallel zueinander. Ganze neun Monate (!) hat es gedauert, die Schulen alle intensiv kennenzulernen, viele Gespräche zu führen und ganz am Schluss endlich eine Entscheidung zu treffen. Als letzte Möglichkeit hier vor Ort kam nun noch die staatliche Sonderschule in Betracht. Dies war auch die Schule, die Katharina einfach nehmen musste.

Die Schule machte besonders auch auf G., der noch nicht viele Informationen über sie hatte, einen »erstaunlich« guten Eindruck. Ein schönes, neues Schulgebäude, ein sehr netter, offener Direktor, ein sympathisches Kollegium. Auf keinen Fall wurde das Bild einer düsteren Endstation »Sonderschule« bestätigt. Trotzdem gab es in unseren Augen auch viele negative Punkte für Katharina. Die Schule ist trotz Neubaus viel zu klein für die Schülerschaft. Schon vor Jahren hätte eine zweite Sonderschule geplant und gebaut werden müssen, und jetzt sind die Kassen leer. Ein Mittagessen kann nicht angeboten werden, kleinere und größere Kinder haben zeitlich versetzt jeweils vier Stunden Unterricht pro Tag. Die Therapieräume sind zu Klassenräumen umfunktioniert und es gibt für 190 Kinder nur zwei Therapeuten an der ganzen Schule. Jeweils acht Kinder sind in einer Klasse und werden in der Regel von zwei Betreuern (also z. B. Lehrer und Integrationshelfer) unterrichtet und betreut. Der Ausländeranteil der Schule ist sehr hoch, inoffiziell liegt er bei 80%. Besonders bei der Elternarbeit macht sich dies bemerkbar, wenn Eltern z. B. aufgrund von Sprachschwierigkeiten nicht an Elternabenden teilnehmen. Aber nur eine starke Elternschaft kann Veränderungen bewirken.

Können dort die Wünsche und Ziele, die wir für Katharina haben, erreicht werden? Auch hier würde sie jeden Tag viel Zeit im Bus verbringen und kein Mittagessen bekommen. Und am Nachmittag geht es weiter zu den Therapeuten. Trotzdem war dies die einzige Alternative vor Ort, die wir noch hatten.

Das uns empfohlene Internat hatten wir uns zwischenzeitlich mit gemischten Gefühlen auch angeschaut. An einer Hauptstraße gelegen, ca. 125 km von uns entfernt, hatten wir das Gefühl, in eine Idylle zu kommen, als wir durch das Tor getreten sind. Ein Innenhof mit einem riesengroßen Garten und ein altes Winzeranwesen mit Nebengebäuden bildeten die Schule, an der insgesamt dreizehn Kinder unterrichtet wurden und gemeinsam mit den Betreuern lebten.

Beeindruckt hatten mich bei unserem ersten Gespräch zwei Dinge: Das eine war, dass ein Junge seit sieben Jahren jeden Tag mehrmals auf die Toilette gesetzt wird, obwohl erst seit einigen Monaten auch wirklich etwas »passiert«. Wieviel Durchhaltevermögen gehört dazu, um so einen Lernprozess kontinuierlich durchzuführen und zu begleiten – für alle Beteiligten. Und der andere Satz war der, dass man das Ziel habe, dass jeder Tag gut wird für das Kind und nicht einfach so vorübergeht. Genau das will ich auch für Katharina: Sie soll gefördert und gefordert werden in dem für sie richtigen Tempo! Auf der Rückfahrt waren wir beide der Meinung, dass es die richtige Schule sei, wenn es eben keine 125 km, sondern vielleicht 5 km Entfernung wären und Katharina abends zu Hause schlafen könnte.

Jetzt musste also eine Entscheidung getroffen werden. Wir holten uns Rat bei Therapeuten, Erziehern, Familie und Freunden, die Katharina gut kennen. Irgendwie wussten wir es da auch schon die ganze Zeit: Auch für uns als Paar und als »restliche Familie« würde eine Schulunterbringung für Katharina von Montag bis Freitag eine große Chance sein. Mehrere Besuche im Internat folgten, und Katharina verbrachte auch einige Stunden alleine dort. Danach sollte vom Kollegium eine Entscheidung über eine Aufnahme von Katharina getroffen werden. Kurze Zeit später kam der Anruf, dass alle von Katharinas Freundlichkeit begeistert sind und man sie gerne aufnehmen würde. Am liebsten hätte ich sofort aufgelegt; denn obwohl endlich einmal die Aussage kam, dass man Katharina gerne nehmen würde, wollte ich es überhaupt nicht hören. Auf einmal mussten wir nur noch »ja« sagen, und es ist uns, besonders mir, unendlich schwer gefallen.

Am Tag nach diesem Telefonat wurde ich für Wochen sehr krank und bekam dann noch eine Lungenentzündung. Es war wirklich kein einfaches Jahr. Wir haben dann die Entscheidung für das Internat getroffen, obwohl ich einige Monate zuvor noch nicht einmal an eine solche Möglichkeit gedacht hatte. Jetzt, nach dem ersten halben Jahr dort, würden wir beide sagen, dass es für Katharina und uns die richtige Entscheidung war. Es gibt immer wieder Dinge, die ich nicht gut finde und die mich vor allem traurig machen, aber für Katharinas Entwicklung und ihr Wohlbefinden war es der richtige Entschluss, der aber auch immer wieder überprüft werden muss.

Zurücklehnen kann man sich mit Kindern wohl nie und mit unseren Spezialisten schon mal gar nicht!

Falsche Fragen

Auf meine Anfrage beim zuständigen Amtsleiter des Staatlichen Schulamtes Friedberg bezüglich eines Platzes für unseren Sohn im Gemeinsamen Unterricht bekam ich folgende Antwort:

»Gemeinsamer Unterricht? Wie kommen Sie denn darauf? Was hat Ihr Sohn? Down Syndrom? Ah. Da kann ich Ihnen gleich sagen, daraus wird nichts. Da gehört er doch ganz klar in die Schule für Praktisch-Bildbare, die für solche Fälle hervorragend ausgestattet ist und insofern eine bestmögliche Förderung gewährleistet. *Diese* Kinder brauchen doch Anleitung für den Alltag. Dort werden doch alle lebenspraktischen Dinge vermittelt, die sie später brauchen. Und sowieso habe ich überhaupt keinen Platz zur Verfügung. Selbst wenn sie eine Schule fänden, die kooperativ wäre, hieße das ja, ich muss Ihnen einen Sonderschullehrer zur Verfügung stellen. Den habe ich aber nicht. Freie Stellen gibt es nicht, und sowieso ist der Markt für Sonderschullehrer leer gefegt. Seit zwei Jahren habe ich eine offene Stelle, die ich nicht besetzen kann, weil kein Nachwuchs da ist. Und ich kann doch nicht einen Sonderschullehrer von der Sonderschule abziehen für eine Einzelintegrationsmaßnahme. Sie wissen, dass auch das Personal an den Sonderschulen knapp ist, und wir wollen doch die Mängel nicht einfach umschichten? Das wollen Sie doch auch nicht, oder? Dann stünde unter Umständen eine ganze Sonderschulklasse ohne Lehrer da. Und wissen Sie eigentlich, was Sie ihrem Kind unter Umständen damit antun? Er wäre immer der Letzte, immer der Schlechteste, hätte nie ein Erfolgserlebnis. Das frustriert doch auf die Dauer jeden. Verschaffen Sie ihm doch lieber ein paar Erfolgserlebnisse unter »Seinesgleichen«. Was glauben Sie eigentlich, wie viele Eltern bei uns Anträge auf Gemeinsamen Unterricht stellen und schon wenige Zeit später reumütig zurückkommen und ihr Kind auf die Sonderschule umschulen wollen, weil die Integration überhaupt nicht geklappt hat und weil sie alle den Druck nicht mehr aushalten können. Ich könnte Ihnen da Geschichten erzählen.«

Ich höre hier auf. Das ist *kein* Witz. Genauso lief das Gespräch ab. Er hat mir die ganze Litanei der unmöglichsten Unmöglichkeiten runtergebetet. Ich hätte mir nie träumen lassen, dass ich das einmal »live« durchmachen muss. Ich habe mich nicht unterkriegen lassen und immer dagegengehalten bis hin zu: »... zur Not werden wir den Schulplatz einklagen...« Das war dem guten Mann dann endgültig zu viel, denn drohen ließe er sich nun wirklich nicht: »... da könnte ich vor Gericht gehen, so lange ich wolle...«

Das war vor zweieinhalb Jahren. Mittlerweile besucht Julius die zweite Klasse der Integrativen Schule Frankfurt. Er hat bereits in der ersten Klasse fast alle Buchstaben lesen und schreiben gelernt und rechnet im Zahlenraum bis zehn. Letzte Woche fing er an, ganze Wörter zu lesen. Obwohl er nach wie vor wenig und sehr undeutlich spricht, kommt er gut zurecht, ist ein beliebter Klassenkamerad und hat gute Freunde gefunden.

Wir haben sehr viel Glück gehabt. Andere Eltern und Kinder haben das nicht. Dessen sind wir uns bewusst. Das wiederum ist sehr bedrükkend. Unsere Schule ist eine kleine Privatschule, die pro Jahr vier Schulplätze an Kinder mit Behinderung vergibt. Dass wir einen Platz dort bekommen haben, grenzt für mich heute noch an ein Wunder.

Auf die wenigen begehrten Plätze (ca. 40 pro Jahr in Frankfurt) im »Gemeinsamen Unterricht« an den Grundschulen kommen fünfmal so viele Bewerbungen. Und die Situation in Frankfurt, was die Anzahl der Plätze im Gemeinsamen Unterricht betrifft, ist vergleichsweise zum restlichen Bundesland gut. In anderen Regionen Hessens gibt es gar keine Möglichkeiten, Kinder mit einer geistigen Behinderung zu integrieren. Dort ist und bleibt der Gemeinsame Unterricht eine Utopie.

Ich hatte einmal das zweifelhafte Vergnügen, unserem derzeitigen Ministerpräsidenten Koch bei einer vorweihnachtlichen Veranstaltung in unserem damaligen Kindergarten gegenüber zu sitzen, und auf die Frage nach schulischer Integration antwortete er mir, dass Integration im Kindergarten ja ganz unproblematisch und »gangbar« sei, aber in der Schule: Das »ginge« nicht und das »wolle« man auf gar keinen Fall. (Schade, dachte ich damals, dass unsere Kinder nicht entscheiden dürfen, was »geht« und was »nicht geht«.)

Wenn ich heute an diese Begegnung zurückdenke, dann bereue ich stets die verpasste Gelegenheit, einem ranghohen Politiker meine Meinung laut und furchtlos entgegengeschleudert zu haben.

Wenn ein Kind im schulfähigen Alter ist, kommt ein Brief in das Haus der Eltern. Ganz von allein. Da muss man nichts tun. Er enthält die Einladung zur Anmeldung an der wohnortnahen Schule. Auch bei behinderten Kindern kommt diese Einladung, denn das Stadtschulamt weiß ja offiziell noch nicht, dass das Kind behindert ist. Im Normalfall würde mein Kind also ganz unkompliziert auch an der ortsansässigen Schule angemeldet werden. In unserem Fall müssen wir also auch erst mal den normalen Dienstweg durchlaufen.

Am Dienstag war es soweit. Es würde nicht lange dauern. Ich parkte mit Nora auf einem Parkplatz in der Nähe der Grundschule. Die Schule ist mir vertraut, denn mein Bruder und ich sind dort auch schon hingegangen. Ich packte Nora in ihren Rollstuhl und schon ging es los.

Alles begann damit, dass das Anmeldegespräch im ersten Stock stattfinden sollte. Klar. Außer Nora können ja auch alle anderen Kinder laufen. Kein Aufzug. Also war auch der Rolli fast überflüssig. Ich habe Nora nach oben getragen. Schon auf der Treppe sind wir vielen begegnet, die uns verwundert angestarrt haben. Nur ein kleines Mädchen getraute sich zu fragen, ob Nora denn verletzt sei. Klar, wir fallen auf.

Oben im Klassenzimmer bedankte man sich bei mir für das Kommen. Man wolle sich ja nur einen Eindruck verschaffen. Ich war zwar bereits vor längerer Zeit schon mal in der Schule gewesen, um mit der Schulleitung über eine mögliche Einzelintegration zu sprechen. Unser »Fall« war also bekannt, aber man möchte Nora eben auch mal sehen. Ich setze Nora neben mich auf den Stuhl und harre der Dinge. Die Schulleiterin richtet sich an Nora: »Hast du schon gefrühstückt? Was denn? Hast du auch etwas getrunken? Tee? Wie alt bist du? Hast du auch Geschwister?« Auf all diese Fragen hin lächelt Nora wissentlich, freundlich und unsicher, antwortet aber mit keiner Silbe. Da wendet man sich an mich. Ob es nicht schwierig sei mit so einem Kind. Ob Nora sie denn inhaltlich verstehe und warum sie nicht antworte. Ich kann mir das alles gut erklären, mein Gegenüber jedoch gar nicht. Was ich denn nachmittags mit diesem Kind mache und ob Nora überhaupt spielen könne. Keine Ahnung von dem, was behinderte Kinder leisten können und wie »normal« sie doch auch sein können. »Klar, kann man mit Nora spielen«, sage ich.

Unsere Gesprächspartner sind nicht wirklich überzeugt. Ob ich den Eindruck hätte, dass Nora Fortschritte mache. Eigentlich könnte ich explodieren. Aber ich zügele mich und denke daran, dass das Gespräch nicht mehr allzu lange dauern kann. Dann antworte ich sehr bestimmt, dass ich jetzt seit ca. sechs Jahren täglich Therapien mit meiner Tochter durchziehe und dass ich das ganz bestimmt nicht tun würde, wenn ich nicht an einen Erfolg glauben würde. Oder? Die Schulleitung weiß nichts dazu zu sagen. Die anwesende Lehrerin erklärt mir dann noch, wie toll sie es findet, dass Nora eine nicht behinderte Schwester hat. Das stellt bestimmt eine große Entlastung dar. Ich glaube, ich bin im falschen Film.

Dann kommt ein Grundschullehrer, der Nora in einem Nebenraum testen soll. Nora wird mitgenommen und ruft »meine Mama« und »Tür auf«. Doch dann findet der Lehrer wohl einen Zugang zu ihr und spielt mit Kärtchen: großer Mann, kleiner Mann, dick und dünn. Während Nora im anderen Zimmer ist, erklärt man mir, wie mit meiner nicht behinderten Tochter verfahren werden wird, wenn wir sie in ein paar Jahren anmelden. Ein Gespräch, sehen, wie die Sprache ist, Namen, Farben und ein paar grundsätzliche Sachen abfragen. Ich erwähne nebenbei, dass auch Nora Farben kann und schon hüpft die Schulleiterin vom Stuhl und ruft es ihrem Lehrer aufgeregt zu. Aber das hat er auch schon entdeckt. Gott sei dank ist unser Termin dann zu Ende. Für mich gibt es einen Zettel mit der Telefonnummer des Arztes, der die nächsten Untersuchungen durchführen wird. Fast peinlich wird er mir zugeschoben. Man könne jetzt nichts mehr für uns tun. Auf welche Schule denn Nora gehen solle? Integrativ, soso, jaja. Naja, es wäre ja wohl an unserer Schule auch nicht möglich gewesen. Jetzt wo sie wüssten, wie Nora wirklich sei. Wissen sie das wirklich?

Wenn man sein behindertes Kind nicht einfach in die staatliche Sonderschule geben möchte, weil es das Beste fürs Kind sein soll, dann muss man sich schon Mühe geben: Anmeldungen bei integrativen Schulen im ganzen Stadtbereich, Telefonate mit Schulleitern, Vorstellungsgespräche und Spielstunden mit den anderen Kindern.

Vergangene Woche hatten wir nun unseren Vorstellungstermin in der anthroposophischen Sonderschule. Dort gibt es auch einen Kindergarten, aber Nora ist bereits in einem integrativen Kindergarten sehr gut versorgt. Integrativ! Allein diese Vorraussetzung wird von den Anthroposophen als nicht positiv bewertet. Aus dem dortigen Kindergarten rutschen im nächsten Schuljahr nämlich sieben Kinder in die erste Klasse. Bei einer Klassenstärke von zehn Kindern bleiben noch – immerhin – drei frei zu vergebende Plätze für Kinder aus anderen Einrichtungen.

Während ich mit der Lehrerin der dritten Klasse ein Gespräch in ihrem Klassenraum führte, wurde Nora von der Eurhythmielehrerin bespielt und getestet.

Aus dem Bauch heraus konnte ich die Lehrerin der dritten Klasse gut leiden. Wir haben uns sofort gut verstanden. Wir sprachen über die Schwangerschaft, die Geburt, Noras motorische, körperliche und sprachliche Entwicklung. Auch meine Erwartungen an die Schule musste ich formulieren. Das war alles kein Problem.

Nora hatte keine Ablöseprobleme und ist brav mit der Lehrerin in ihrem Rolli mitgegangen. Als die beiden nach etwa einer Stunde wiederkamen, begutachtete die Lehrerin unsere Ausarbeitungen und war wohl offensichtlich anderer Meinung, als sie während des Lesens spontan laut auflachte. Auf mein Nachfragen gab sie preis, dass sie in keiner Weise bestätigen könne, dass Nora spreche und schon gar nicht Drei- bis Vierwortsätze. Sie fragte mich, ob ich mir da wirklich sicher sei! Ja, bin ich und ob, Nora plaudere mir zu Hause das Ohr ab, und jeder, der sie kenne, könne das bezeugen. Also fragte ich die Lehrerin, ob sie das anders erwartet hätte, denn schließlich war es für Nora eine neue Umgebung mit einer neuer Person.

Sie erklärte mir, sie hätte schon sehr oft mit neuen Kindern in dieser Situation zu tun und könne das fast immer anders beobachten. Außerdem hatte sie erwartet, dass Nora wenigstens sprachlich besser wäre als ihr körperlicher Zustand. Wie bitte? Auch das musste ich mir von ihr erklären lassen. Nora fahre Rollstuhl, könne nicht laufen, sie hätte einen bestimmten vorgegebenen Rhythmus nicht nachklatschen können, ahme spezielle Armbewegung nicht nach, und als sie ihr Zick-Zack-Linien, Wellenlinien und Wirbelstürme vorgezeichnet habe, hätte sie das auch nicht nachfahren können. Aus ihrer bisherigen Erfahrung mit anderen Kindern und all dem, was sie an Nora beobachten konnte, hätte sie erwartet, Nora müsse wenigstens sprachlich gut drauf sein. »Nora ist wohl kein Überflieger«, fügt sie schließlich hinzu. »Bin ich etwa falsch hier?«, frage ich, »Ist das nicht eine Sonderschule?« »Oh, ja, ja«, sagt sie, »wir sind hier nicht die International School, aber trotzdem.«

Trotzdem. Mir fällt nichts mehr dazu ein. Diese spezielle Schule gilt als besonders einfühlsam und achtet sehr auf das Seelenleben seiner Schüler, eigentlich auch auf das der Eltern. Ich komme mir schon ein bisschen angegriffen vor. Mit dieser Lehrerin würde ich definitiv ein Problem bekommen. Da ich aber in dem weiterführenden Fragebogen auch angegeben habe, dass wir nach Vojta turnen, Nora bereits alle Impfungen bekommen hat und wir außerdem zu Hause auch nach dem Prinzip von Montessori arbeiten, denke ich, dass wir sowieso die erste Runde im Auswahlverfahren nicht überstehen werden.

Ob ich darüber wirklich unglücklich bin? Ich bin mir nicht ganz sicher.

INTI

Wir haben ihn! Wir haben ihn. Wir haben einen Platz an der INTI, nein, vielmehr Nora hat einen Platz an der Integrativen Schule Frankfurt zugesagt bekommen. Hurra!

Nur in meinen kühnsten Träumen habe ich gewagt, daran zu glauben. Ich kann es eigentlich auch heute noch nicht fassen.

Das ist wie ein Sechser im Lotto. Nein, das ist noch viel besser, erkläre ich den Menschen in unserem Umfeld, die meine überaus große Freude nicht verstehen können. 40 Plätze in Fankfurt und Nora hat einen davon ergattert. Vier Plätze für behinderte Kinder gab es in dieser Schule für die neue erste Klasse. Nora hat einen davon. Viele andere behinderte Kinder sind auf der Strecke geblieben. Auch vielen nicht behinderten Kindern wurde eine Absage erteilt. Das ist nicht schön, doch ihnen stehen trotzdem noch viele andere Wege offen. Eine andere Privatschule oder die Grundschule im Stadtteil. Für uns wäre die Alternative nur die Sonderschule gewesen!

Natürlich wird die große Freude auch innerhalb der Familie richtig ausgelebt. So erkläre ich Sofie, dass Nora jetzt bald in die Schule kommt. Damit sie nicht zu kurz kommt, erzähle ich ihr bei der Gelegenheit auch, dass sie dann in den Kindergarten gehen wird. Um ihr beides ein bisschen näher zu bringen, schmücke ich diese Tatsachen etwas aus. Ich sage, dass Nora ja nicht so gut laufen und sprechen kann wie die anderen Kinder. Sie wird auf eine *besondere* Schule gehen, zu der man mit dem Auto fahren muss. Es ist nicht die Schule in unserem Stadtteil, die Sofie schon kennt. Um mir mitzuteilen, dass sie das Gesagte verstanden hat, wiederholt Sofie den Inhalt in ihren Worten: »Mama, Sofie bald Kindergarten.« »Ja«, sage ich. »Nach den Ferien, wenn Nora in die Schule kommt, wirst auch du in den Kindergarten kommen.« Einen Augenblick überlegt sie noch und meint dann: »Nora Sonder-Schule!«

Ich bin durch

Nora ist jetzt sieben Jahre und drei Monate. Sie besucht die erste Klasse der Integrativen Schule Frankfurts und ist glücklich mit sich und ihrer Welt. Auch uns geht es gut mit all den Dingen, die wir bei Nora erreicht haben. Wir sehen, wie wohl sie sich in ihrer Haut fühlt.

Noch vor fünf, sechs, sieben Jahren sind wir von Arzt zu Arzt geirrt immer auf der Suche nach einer besseren Prognose. Wird sie laufen können? Und vor allem wann? Wird sie wieder ganz normal? Wir löcherten die Ärzte mit solchen Fragen und waren nicht zufrieden mit den Antworten. Alles sei ungewiss. Laufen, möglicherweise, aber frühestens mit sieben Jahren, hieß es in einer Klinik in Königstein. Laufen, vielleicht, aber es wird nie normal aussehen. So sagte man es im Sozialpädiatrischen Zentrum in Höchst. Laufen, völlig ausgeschlossen, meinten wiederum andere Arzte.

Was können wir tun? Wie sieht die optimale Therapie aus? Wen müssen wir aufsuchen? Wir sind zu allem bereit: Fahren wir zu Kozjavkin in die Ukraine? Zur Perö-Therapie nach Ungarn oder doch gleich nach Amerika? Doman Delacato versprach wahnsinnige Erfolge – aber mit welchem Aufwand! Eine Delfin-Therapie schien auch keine schlechte Lösung, aber würde Nora damit zum Laufen kommen? Spaß hätten wir jedenfalls in Florida gehabt.

Doch wir blieben hier. Wir vertrauten der uns betreuenden Ärztin im Sozialpädiatrischen Zentrum: Nicht zuviel tun. Immer angemessen, den Entwicklungsschritten Noras angepasst die Therapie abstimmen. Therapeutisches Schwimmen, Ergotherapie, Logopädie, immer mal was anderes, auf das wir das Hauptaugenmerk richteten, aber immer regelmäßig und durchgängig blieb die Krankengymnastik nach Vojta.

Nora kann sich heute zum Stehen an ihrem Tripp Trapp hochziehen. Das ist keine leichte Aufgabe, und sie muss sich dabei sehr anstrengen. An den Händen gehalten, kann sie eine kurze Strecke im Wohnzimmer überwinden. Krabbeln oder ihre Fortbewegung im Kniegang geht schneller und sieht besser aus. »Laufen« kann man das wirklich nicht nennen. Es sieht komisch aus.

Inzwischen ist es aber unbedeutend geworden, ob Nora wirklich laufen lernt. Sie ist so, wie sie ist. Im Rolli bewegt sie sich gut, krabbelnd kommt sie sogar die Treppe hoch. Sie ist ganz schön mobil, auch ohne zu laufen!

Vielleicht schafft sie es einmal alleine auf die Toilette und allein die Treppen hoch. Vielleicht wird der Rollstuhl über große und der Rollator über kleine Strecken zu ihrem Wegbegleiter werden. Vielleicht gelingt es ihr einmal, allein in ihren Rollstuhl ein- und aus ihm auszusteigen. Das wäre toll! Das sind schon große Ziele für uns.

»Laufen« ist gar nicht mehr so wichtig für uns. Man lernt mit der Zeit und viele Dinge bekommen eine andere Bedeutung. Wie schön wäre es doch heute, Noras Hirn hätte nicht ganz so viel Schädigung abbekommen und sie wäre nur körperbehindert. Wie schön wäre es doch, sie hätte bei der Verteilung des Intelligenzquotienten etwas lauter »Hier« geschrien. Wie schön wäre es doch, Nora könnte die Dinge, die ihr in der Schule angeboten werden, etwas schneller lernen. Wir schön wäre es doch, Nora könnte lesen, schreiben, rechnen und sich in der Welt – in unserer Gesellschaft – selbstständig durchschlagen.

Zwar nicht mehr so oft wie früher, aber immerhin noch ein, zwei Mal im Jahr klappt es, dass ich mit meinen Arbeitskollegen einen Trinken gehe. Schön, richtig schön ist es dann. Man unterhält sich über dies und das und hat Zeit; es ist eben nicht der Schwatz mit der Kaffeetasse in der Hand auf dem Flur, man lässt sich auf sein Gegenüber ein, man holt weiter aus und erklärt besser, bis der andere es verstanden hat. Generell sind meine Arbeitskollegen für mich eine Art »Stimme des Volkes«, sie stellen sehr unterschiedliche Sichtweisen zu verschiedenen Themen dar, viele haben ganz andere Vorstellungen zum Arbeits- und Familienleben, zu Lebensinhalten, Partnerschaft usw., die man normalerweise im Bekanntenkreis nicht hat. Bekannte und Freunde sucht man sich aus, Arbeitskollegen nicht.

Heute Abend ist mir ein Licht aufgegangen, das ich so bisher für mich noch nicht erfasst hatte: Auf der einen Tischseite wurde über das erwartete Baby eines jungen Kollegen gesprochen, die Partnerin ist zurzeit in der 12. Schwangerschaftswoche, also alles sehr frisch. Die Freude des werdenden Vaters erfüllte den ganzen Raum. Es wurde gewitzelt über schlaflose Nächte, über altdeutsche Namen wie Fritz, Ferdinand und Erna und deren Klang mit dem Nachnamen, und es ging um Veränderungen in der Partnerschaft und die vermeintliche Tatsache, dass so mancher Vater froh ist, zur Arbeit gehen zu dürfen. Alles sehr ausgelassen, fröhlich und gepaart mit einem Hauch von: »auch diesen Mann wird es treffen – gut so!«

Aber ich auf der anderen Seite des Tisches dachte bei mir: »Stellen Sie aber in den nächsten Wochen Down Syndrom fest – wird wahrscheinlich abgetrieben!« Ja, ja ich weiß, diese Phasen der Glückseligkeit sind richtig, gut und jedem zu gönnen, deshalb habe ich auch nichts gesagt, aber mir ging es nicht unbedingt gut mit diesem Gedanken. Ich hatte diese Glückseligkeiten nur in der Schwangerschaft mit Nina, wo noch kein Gedanke an Behinderung an mich herantrat, aber bei Felix und Marlon war ich schon »vorbelastet« und damit nicht mehr locker und flockig. Down Syndrom ist für die Arbeitskollegen ja nun nichts mehr Neues, also somit nicht fremd; sie kennen durch mich einiges zu diesem Thema, denn ständig gibt es Neues zu berichten, und ich halte damit nicht hinterm Berg, wie man so sagt. Aber dennoch, es ist nur ein Einzelschicksal!

Dann lange Zeit später, auf die Frage einer Kollegin, was denn nun mit Ninas Schulplatz sei, erklärte ich Ihr: »Weißt Du, seit Ninas Geburt fühle ich mich an den Rand unserer Gesellschaft gedrängt. Ist doch schade, dass unsere Gesellschaft es nicht schafft, ein geistig behindertes Kind mitsamt seiner Familie zu integrieren.«

Dieser Ausspruch ist mir so noch nie über die Lippen gekommen, zum ersten Mal hatte ich die passenden Worte für die Misere gefunden, die wir gerade mit der Schulplatzsuche durchleben.

Es kann sich kaum einer vorstellen, was sich in den Köpfen der Eltern abspielt, wenn sie einen Antrag zur Aufnahme des Kindes in einer Privatschule stellen, stellen müssen, weil die staatlichen Schulen mit Gemeinsamem Unterricht für Nina keinen Platz haben. Eine Schule, die nur maximal vier behinderte Kinder aufnehmen kann, obwohl an die dreißig Bewerbungen an sie gerichtet werden.

Da mache ich mir Gedanken, ob es sinnvoll ist, eine Kurzbeschreibung von Nina beizulegen oder nicht, ob es gut ankommt, von Ninas Therapien zu schreiben, die Schrift und Formulierung in Ordnung sind und das Bild auch gut ausgesucht ist, dreimal habe ich diese Anmeldung vorgeschrieben. Lächerlich, aber es hängt ja ihr ganzer Lebensweg von dieser Schule ab und damit auch der Weg der restlichen Familie.

Wieso lässt man uns so hilflos im Regen stehen?

Die Absage von der Integrativen Schule hat uns sehr getroffen. Dienstags berichteten schon die ersten Eltern im Kindergarten von Post, es waren Zu- und Absagen darunter. Von da an fieberten wir jeden Tag nach Post. Eigentlich hatten wir uns recht gute Chancen für diesen Schulplatz eingeräumt. Wir träumten davon, dass Nina nächstes Schuljahr dorthin geht und Felix dann im kommenden Jahr und später dann auch Marlon. Die Schule zieht um, ganz bei uns in der Nähe wird sie ab Ostern ihre neuen Räume beziehen, fußläufig. Wie einfach und normal könnte dann auch der Freizeitbereich für Nina verlaufen; Schulfreunde in der Nachbarschaft, Felix würde Freunde mit nach Hause bringen, die Nina vom Schulhof her schon kennen usw. Wir wissen, dass gerne Kinder von engagierten Eltern genommen werden, und wir zählen uns dazu. Nina geht in den Kindergarten der evangelischen Gemeinde, die diese Schule maßgeblich initiiert hat. Nina selbst beteuert immer wieder »ich – Ara«, sie will mit ihrer Kindergartenfreundin Sarah in die Schule gehen. Sarah ist ein so genanntes Geschwisterkind und hat eine Zusage bekommen.

»Macht euch keine Sorgen – klar hat Nina einen Schulplatz an der Inti!«, haben wir von vielen gehört. Aber nichts da. Am Freitag kam dann die Absage, ein Standardbrief – was hatten wir auch erwartet. Die Post kam wohl so spät wegen dem Trubel der üblichen Weihnachtspost, und unser Postamt hatte mehrere Aushilfen in den vergangenen Wochen. Also am Freitag war Schluss mit diesem Ungewissen. Ludwig rief mich im Büro an, beide waren wir den Tränen nahe, aber wir mussten ja unseren Alltag bewältigen und hatten kaum Zeit, die Absage zu besprechen. Mittags bekamen wir Besuch von meiner Patentochter, sie blieb über Nacht, ihr wollten wir den Aufenthalt bei uns ja auch nicht schwer machen. Am Samstagnachmittag dann haben wir, wie versprochen, den Weihnachtsbaum auf der Terrasse aufgestellt, ihn mit Lichtern und roten Glöckchen geschmückt. Erst an Heiligabend soll er ins Wohnzimmer wandern. Die Kinder haben eine Riesenfreude daran.

Am späten Abend dann, als die Kinder im Bett waren, die Küche einigermaßen aufgeräumt und ein langes Telefonat mit Sarahs Mutter beendet war, konnten wir über die Entscheidung der Schule richtig reden. Wir haben uns Luft gemacht, über die Enttäuschung gesprochen, unsere Wut formuliert, die ganze Gesellschaft als Heuchler bezeichnet, kurzum, wir waren am Boden zerstört.

Gegen Mitternacht kam Nina aus ihrem Bett. Sie strahlte uns an, setzte sich auf die Fensterbank und strahlte den Weihnachtsbaum an. Auf ihr Drängen hin musste ich Weihnachtsmusik auflegen und die Kerzen am Adventskranz anzünden. Uns standen die Tränen in den Augen und Nina strahlte wie ein Engel den Weihnachtsbaum an.

Auch in einer anderen Schule wird Nina ihren Weg gehen. Aber uns fällt der Abschied von der Normalität so schwer.

Für all die Lieben in unserem Freundeskreis, die sich über die letzten Wochen und Monaten immer wieder das Dilemma der Schulplatzsuche für Nina anhören mussten: Wir fühlen uns, als hätten wir in einer Klassenarbeit eine Vier zurückbekommen. Eine Klassenarbeit, für die wir besonders engagiert und motiviert sehr gute Vorbereitungen getroffen hatten, wo wir absolut im Thema waren und eigentlich gerade uns eine Eins gehört hätte.

Nach der Absage der privaten Integrativen Schule (Nr. 1) im Dezember, hat die für uns zuständige Regelschule (Nr. 2) nun keine Stellenzuweisung für die fehlende Sonderpädagogin bekommen – Nina darf also nicht mit den Nachbarskinder auf die Schule ums Eck gehen, obwohl die integrativ arbeitet. Der nächsten Schule (Nr. 3), bei der Nina fest einen Schulplatz in der integrativen Klasse bekommen hätte, wurde am letzten Mittwoch die Zweizügigkeit gestrichen (staatliches Schulamt – politischer Wille – CDU).

Nun hat Nina in einer weiteren Schule (Nr. 4) einen Platz – in der Integration! An dieser Schule wird schon lange integrativ gearbeitet, zum größten Teil waren oder sind die sogenannten I-Kinder aber Kinder, denen man die Behinderung nicht ansieht. Tina wird von daher eben nicht ein Kind von vielen sein. Die therapeutische Versorgung an der Schule wird uns fehlen, dafür werden aber Mittagstisch und eine Spielgruppe angeboten.

Nun ja denn – immerhin eine Vier. Eine Fünf wäre durchgefallen und würde die Sonderschule für geistig Behinderte bedeuten, dieser Ausgrenzungsmaßnahme sind wir noch mal entkommen.

Nina freut sich auf die Schule, sie will jetzt diesen Rucksack, man sagt auch Schulranzen dazu, haben. Unbedingt muss dann in den Ranzen etwas zum Essen und Trinken, und sie zeigt das Zeichen für »Arbeiten«.

Felix meint, da wir ja jetzt für Nina einen Schulplatz haben, müssten wir langsam anfangen auch für ihn einen zu suchen – na, ich hoffe das wird nicht so ein Problem werden.

Vielen Dank noch mal für Eure offenen Ohren.

Nina in der Schule

Nina ist nun die vierte Woche in der Schule. Es läuft dort richtig gut, sie ist mit Elan bei der Sache, versprüht ihren Charme in der ganzen Klasse und scheint in den Taxifahrer etwas verliebt zu sein. Die Lehrer sind sehr motiviert, engagiert und einfühlsam. Sie haben Nina bereits in ihr Herz geschlossen. Nina wird um 7:15 Uhr abgeholt, darf an zwei Tagen in die Frühbetreuung, geht nach dem Unterricht mit der Klasse zum Mittagessen und anschließend in die Mittagsbetreuung bis 14:00 Uhr. Etwas müde aber glücklich kommt sie gegen 14:15 Uhr zu Hause wieder an. Heilfroh und überglücklich sind wir, dass unsere Tochter einen Platz in der Integration gefunden hat und sie sich dort wohlfühlt. So langsam normalisiert sich auch ihr Verhalten zu Hause, sie hatte wohl große Probleme mit der Verarbeitung der vielen neuen Eindrücke und dem Verlust der alten Geborgenheit im Kindergarten. Das führte oft zu aggressiven Attacken uns und ihren Geschwistern gegenüber. Wenn Nina sprechen könnte, wäre sicher manches leichter zu verarbeiten, denn wir wissen nicht wirklich, was ihr zu schaffen macht. Die Kinder und Mütter, die wir auf dem Spielplatz oder in der Nachbarschaft treffen, können wir ja nicht befragen, die sind ja in der Schule nebenan. Ninas Freizeitkontakte, die sie mit Kindern aus dem Kindergarten hatte, gehen langsam verloren, neue müssen mühsam wieder aufgebaut werden.

Zur Zeit geht Nina in keine Therapie; wir werden wieder damit anfangen müssen. Papa wird an drei Nachmittagen Nina in Ergotherapie, Krankengymnastik und vor allen Dingen in die Logopädie bringen müssen. Therapeutensuche, Vermitteln zwischen Therapie und Lehrer, Babysitter für die beiden jüngeren Brüder bestellen oder sie mitnehmen und einiges mehr wird auf uns zukommen.

Ich wünsche mir mehr als 24 Stunden am Tag und noch zwei Hände dazu oder dass vielleicht doch mal Hilfe von außen kommt, einfach so, ohne dass man dafür wieder kämpfen muss.

Kapitel 10

Familien- und Papa-Geschichten

Badewonnen

Plätschern, Rauschen, sanfte Wellen.
Klopfen am Emaille hallt blechern
quietschende Finger,
flutschende Seife,
Schauminseln auf die Haut getupft
kleine Bläschen jucken den Rücken,
der Körper schwebt,
sich fallen lassen,
in die Arme begeben,
Vertrauen
wohlige Wärme durchdringt den Körper,
Spannung läßt nach,
entspannt –
warme Dampfschwaden wabern ums Gesicht,
ein vorwitziger Tropen kitzelt die Nasenspitze –
weiche Haut vom Papa,
haltende Hände,
Erholung für beide
Körper-, Seelen-, Geistgenüsse
die Wanne
noch groß genug für sonntägliche Wonnen.

Heute haben wir alle zusammen Katharina in die Schule gebracht und die den Familiensonntag zerstörende Fahrt zur Schule mit einem Ausflug ins nahe gelegene Elsass verbunden.

Hört sich jetzt aufregender an, als es war: Im Auto habe ich mit Oliver für das Notendiktat am nächsten Tag geübt und in Wissembourg im Elsaß sind wir bei nasskaltem Wetter herumspaziert, um uns abschließend in einem Touristenlokal übers Ohr hauen zu lassen!

Trotzdem war es nett, und wir haben seit langem an einem Sonntag mal wieder länger etwas zusammen unternehmen können. Aber auch heute hat uns der ständige Blick auf die Uhr begleitet, um Katharina rechtzeitig in die Schule zu bringen. Dort angekommen war schon ein großes Kommen und Gehen. Die Kinder werden alle zur gleichen Zeit gebracht, man verabschiedet sich betont kurz und die Eltern gehen wieder. Bei uns war es heute anders: Die Eltern und drei Kinder kommen, ein Kind bleibt, die Eltern und zwei Kinder gehen wieder. Auch Katharina hat bemerkt, dass das nicht in Ordnung ist. Nach unserer Verabschiedung hat sie sich in der Tür herumgedreht und wollte wieder zu uns zurückkommen. So eine wirklich symbolträchtige Situation stellt alles wieder in Frage: *Warum* muss sie dort hingehen? *Warum* kann sie nicht morgens einfach in die Schule um die Ecke laufen? *Warum* ist bei uns nicht alles einfach normal?

Auf der Heimfahrt fragt Victoria mit drei Jahren ganz leise: Wer kümmert sich um die Katharina, wenn sie ein Aua hat?

Ich bin einfach traurig!

Wir warteten auf einen Therapietermin bei der Logopädin in der Lebenshilfe Frankfurt, als uns eine Frau fragte, ob sie Nina fotografieren dürfe und, vorbehaltlich das Bild wird gut, es verwenden dürfe für Veröffentlichungen. Wir stimmten zu. Später sahen wir das Bild auf einem Riesenplakat der Lebenshilfe und waren stolz. Nina lächelte süß und hatte eine Träne im Auge – wirklich ein schönes Bild. Frau C., die Fotografin und Künstlerin bei der Lebenshilfe, zeigte uns das Bild als ihr Lieblingsbild. Na ja, dachten wir, das sagt man so, wenn die Eltern dabei stehen. Wochen später wurden wir gefragt, ob wir was dagegen hätten, wenn dieses Bild für eine große Werbeaktion der Lebenshilfe-Stiftung verwendet werden würde; natürlich freuten wir uns darüber. So kam es, dass Nina uns in der Vorweihnachtszeit von allen Litfasssäulen und U-Bahnwerbeflächen entgegen strahlte. Wir waren unbeschreiblich stolz!

Am ersten Weihnachtsfeiertag waren wir zum Essen bei den Großeltern eingeladen. Zwei meiner Geschwister mit ihren Familien waren auch da. Das Plakat hatte ich dabei. Als besonderes Highlight hing ich das Plakat, so einfach nebenbei, im Esszimmer an die Wand und grinste sehr erwartungsvoll in mich hinein. Aber bei den ganzen Essensvorbereitungen und Gesprächen wurde es kaum beachtet. »Was ist das?« »Na, guck doch mal genau hin.« »Das ist doch Nina.« Das wars. Erst nach dem Tischabräumen sollte ich erklären, was das soll. »Nina strahlt tausendfach von allen Litfasssäulen in Frankfurt, sie macht Werbung für eine Behinderten-Stiftung.« »Aha.«

An diesem Tag wurde mir klar, wie wenig sich doch selbst meine eigene Familie mit dem Thema Behinderung auseinandersetzten will oder kann. Mit Behinderten hatte die Familie doch sonst nie was zu tun, und jetzt fällt es schwer, nur darüber nachzudenken, geschweige denn, etwas dazu zusagen.

Den Stolz, den wir mit diesem Plakat empfanden, wollten wir gerne mit unseren Familien teilen, aber es war nicht möglich. Ich bin mir sicher, hätte einer meiner Neffen oder Nichten Werbung für Pampers gemacht, wäre die ganze Familie geplatzt vor Stolz.

Es tut weh.

Es ist schon wieder passiert! Sie haben es ein zweites Mal gewagt. Julius wurde bereits im Vorjahr nicht zur Geburtstagsfeier seines Cousins eingeladen. Dieses Jahr schon wieder nicht. Mein Bruder mit Familie mit vier Kindern im Alter von neun, sieben, fünf und drei Jahren wohnt bei uns »um die Ecke«, und mehr noch verbindet uns, dachte ich jedenfalls immer, dass wir eine Zeit lang im selben Haus gewohnt haben, sozusagen unsere Kinder zusammen bekommen haben, wie ich es immer nenne, wir früher den gleichen Freundeskreis hatten, wir gemeinsam Urlaube verbringen, und ich irgendwie davon ausgegangen bin, dass uns diese enge Familienbeziehung zusammengeschweißt hat. Außerdem ist mein Bruder auch noch Patenonkel von Julius, und das nicht ohne Grund, war er es doch, der mich zu Anfang getröstet hat: »Wir schaffen das schon.«

Letztes Jahr brachte mein Neffe, im selben Alter wie Julius, mit seinem Papa im Schlepptau ganz stolz eine Einladung zu seiner Geburtstagsfeier vorbei. Die Einladung war adressiert an Paula. Zögernd nahm ich sie entgegen und wartete auf die zweite Einladung für Julius. Die kam aber nicht, statt dessen drehten sich beide auf dem Absatz um und zogen wieder davon. Vollkommen perplex stand ich in der Tür und starrte auf die Einladung. Ein grausiges Gefühl kochte in mir hoch, meine Hände begannen zu zittern und ich merkte, ich würde entweder an meiner Wut ersticken oder aus Enttäuschung und Trauer kollabieren.

Ich rief meinen Bruder an und bat dringend und sofort um ein Gespräch. Inzwischen war ich außer mir. Als er wieder vor mir stand, schoss ich die ganze Salve auf ihn ab. Er verstand zunächst nicht, warum ich mich so aufregte, und das brachte wiederum mich umso mehr in Rage. Ich fragte ihn, warum Julius nicht eingeladen sei. Er sagte, weil sein Sohn nur Paula einladen wollte. Ich verstand nicht, warum sie als Eltern das zuließen oder warum sie nicht soweit versuchten, auf ihn einzuwirken, dass er es vielleicht doch wollte; und wie sollte ich Paula erklären, dass sie bei ihrem Cousin eingeladen sei, ihr Bruder aber nicht; und ob sie sich vorstellen könnten, was umgekehrt der Fall sein würde, wenn sie ein behindertes Kind hätten, welches derartig vom Familiengeschehen ausgeschlossen würde. Das könnten und wollten sowohl er als auch seine Frau sich überhaupt nicht vorstellen, sagte er. Ich schrie ihn an, dass wir uns das auch nie haben vorstellen können, es aber nun mal so einfach passiert ist und ich mich jetzt dieser Situation stellen müsste, denn wenn nicht in der eigenen Familie, wo dann könnte ich verlangen, dass mein Kind selbstverständlich integriert wird und teilhaben kann? Ganz zu schweigen davon, dass wir es offensichtlich auch noch diskutieren müssen und es nicht wie selbstverständlich geschieht. Außerdem sei er mit seiner Familie das Bindeglied, das wir vor Ort haben, denn meine Kinder gingen nicht in den heimischen Kindergarten, und es wäre immerhin eine gute Gelegenheit, die wir alle nutzen könnten, um Julius in unserem Wohnort »präsent« zu machen. Er als Patenonkel sollte sich wirklich schämen!

Ich war wirklich explodiert und vollkommen außer mir. Mein Bruder war nicht zuletzt deshalb auch sehr perplex, da wir uns eigentlich noch nie wirklich gestritten haben. Er ist ein sehr ruhiger und gutmütiger Typ, der diese Art der Auseinandersetzung meidet. Mein Bruder meinte zudem, man hätte vielleicht einmal viel früher darüber sprechen müssen, es sei ihm nicht bewusst, dass wir so unter bestimmten Situationen zu leiden hätten. Ich war und bin entsetzt über solcherlei Aussagen. Selbst wenn ich allen und überall scheinbar immerzu das Gefühl vermittele, ich habe alles im Griff, bin bestens sortiert und organisiert, dann ist damit aber doch noch lange nicht die emotionale Seite der Angelegenheit abgedeckt. Anscheinend ist es so, umso mehr Stärke man zeigt, umso mehr wird einem auch zugemutet. Dass man aber irgendwo auch noch ein Mensch ist mit Gefühlen und Empfindlichkeiten, bleibt unerkannt. Wohin also stecke ich mir diese ganzen negativen Gefühle, den Zorn, die Enttäuschung, die Aggression? Ich kann nicht mit Sicherheit sagen, ob er all das verstanden hat, verstehen wollte; ebenfalls in Tränen aufgelöst, ist er dann irgendwann gegangen.

Von meiner Schwiegermutter habe ich erfahren, dass meine Schwägerin ein paar Tage später heulend bei ihr gesessen hat, um zu erfahren, warum ich mich so aufregte, schließlich hätten sie und ihre ganze Familie den Julius doch auch lieb! Auf meine Frage, was meine Schwiegermutter ihr daraufhin gesagt hat, erfuhr ich, dass sie versucht hat, meine Schwägerin zu trösten.

Wer tröstet mich?

Ein paar Tage später wurde im übrigen die Einladung für Julius nachgeliefert. Ich war im Zweifel, was wir machen sollten, einerseits ließ mein Stolz es nicht zu, meine Kinder hinzuschicken, andererseits wollte ich auch nicht die »beleidigte Leberwurst« sein. So sind also beide hingegangen. Das war die Geschichte vom letzten Jahr.

Dieses Jahr gibt es eine neue Geschichte dazu. Ähnlich, leider. Diesmal waren wir alle zum Geburtstag meines Neffen eingeladen, sozusagen am Opa-Oma-Onkel-Tante-Familientag, nicht aber zur eigentlichen Geburtstagsfeier mit seinen Freunden. Für Paula hätte ich auch keine Einladung mehr erwartet, sind doch die Kinder nun in dem Alter, an dem die Jungs die Mädchen nicht mehr dabei haben wollen und umgekehrt. Aber für Julius bin ich wie selbstverständlich davon ausgegangen, zumal ich nach dem Vorfall vom Vorjahr dachte, wir würden selbstverständlich berücksichtigt. Es sollte diesmal Samstag nachmittags ein Ausflug ins Kino stattfinden. Darauf angesprochen, meinte mein Bruder, nein, Julius hätten sie bewusst NICHT eingeladen, da sie ja nicht wüssten, ob er das gerne mache und ob sie das denn schaffen könnten, auch noch auf ihn »aufzupassen«. Außerdem seien wir ja schließlich schon eingeladen gewesen, nämlich zu dem bewussten Opa-Oma-Onkel-Tante-Familienkaffeetrinken.

Wieder mal war ich bedient, nichts hatte er kapiert und wie zuvor erklärte ich ihm, warum es uns so wichtig gewesen wäre. Dieses Mal weniger wütend als vielmehr total niedergeschlagen und resigniert. Wieder wurde die Einladung nachgeliefert. Dieses Mal ist Julius jedoch nicht hingegangen. Was zuviel ist, ist zuviel! Die Verzweiflung auf unserer Seite bleibt. Das »Geburtstagsbarometer« ist nach wie vor eine gute Maßeinheit für Integration und Teilhabe innerhalb und außerhalb der Familie. Man merkt ganz klar, welche Eltern sich bemühen, die Problematik zu verstehen. Am liebsten wäre es uns, Julius würde eingeladen um seiner selbst willen, nicht weil WIR es uns für ihn wünschen. Bis es jedoch so weit ist (und darauf können wir letztlich nur hoffen), sind wir auf Wohlwollen, Rücksichtnahme und Verständnis angewiesen, und mir ist nicht klar, was daran so schwierig sein soll.

Meine Schwester rief an und schlug vor, dass sie Samstag mal die Kinder abholen könnte, um mit ihnen nach Frankfurt in die Stadt zu fahren, schließlich fahre Julius doch so gerne U-Bahn. Angenehm überrascht sagte ich zu. Ich wusste, ich hatte Samstag viel Büroarbeit zu erledigen, mein Mann würde arbeiten gehen, und ich hätte also nichts dagegen, die Kinder für ein paar Stunden aus dem Haus zu haben. Dazu muss ich sagen, dass meine Schwester so etwas noch nie angeboten hatte, sich in letzter Zeit selten sehen ließ und es mich deshalb umso mehr gefreut hat. Ich habe also meinen Kindern freudig davon erzählt, und wie nicht anders zu erwarten, waren auch sie begeistert und sprachen die ganze Woche von nichts anderem.

Um 10.30 Uhr wollte meine Schwester da sein, was eigentlich schon zu spät für unseren Vormittag war und nicht in unseren Tagesrhythmus passt, da beide Kinder eigentlich noch Mittagschlaf halten. Aber ich wollte nicht ungnädig sein und bat deshalb nicht um einen früheren Zeitpunkt. Um 10.00 Uhr klingelte das Telefon. Sie würde sich verspäten, um etwa eine Stunde, ob das schlimm sei. Wie ein Kartenhaus brach die ganze Planung für diesen Tag zusammen und auch die eben erst wieder gewonnene Zuversicht, meine Schwester könne vielleicht doch ein bisschen mehr Anteil an meinem Leben nehmen.

Verärgert sagte ich ihr, sie bräuchte nun nicht mehr zu kommen, denn ich würde mit den Kindern etwas anderes unternehmen. Noch eine Stunde zu warten, konnte ich ihnen wirklich nicht zumuten, zumal sie schon angezogen, in freudiger Erwartung mit gepacktem Rucksäckchen auf der Bank vor dem Haus saßen. Welch eine Enttäuschung!

Vielleicht ist es falsch, dieses scheinbar kleine Vorkommnis so zu interpretieren. Aber eigentlich kann man so viel daraus lesen, dass es interessant ist, etwas näher hinzuschauen. Natürlich könnte ich sagen: Da meine Schwester selbst noch keine Kinder hat, kann sie viele Dinge nicht nachvollziehen. Aber wäre es ihr wirklich wichtig gewesen, dann wäre sie zum verabredeten Zeitpunkt erschienen und hätte alle anderen Verpflichtungen anders organisiert.

Wie kann man so ein kleines Kinderherz trösten, wenn Versprechungen nicht eingehalten werden? Wie sollte ich es Julius erklären? Er hat weder einen Zeitbegriff, noch Verständnis für »verschoben ist nicht aufgehoben« oder »komm ich heut'« nicht, komm ich morgen«. Für ihn bedeutet, »wir unternehmen was«, also tun wir es *jetzt*.

Mir hat es so weh getan, weil sie uns wohl vollkommen gedankenlos in eine Reihe zu erledigender Termine am Wochenende eingereiht hat. Wir waren wohl noch am einfachsten zu verschieben. Uns hat sie wohl zu wenig Bedeutung beigemessen. Oder meine Erwartungen an sie waren zu hoch und mussten deshalb zwangsläufig enttäuscht werden? Ich konnte mit dieser Enttäuschung wieder einmal nicht umgehen und war total niedergeschlagen. Sie hat sich daraufhin lange nicht gemeldet, ist auch nicht ein paar Tage später vorbei gekommen, um die Kinder zu sehen oder ähnliches. Von alledem nichts. Sie hat geschmollt. Und ich dachte eigentlich, *wir* müssten schmollen.

Wir Schwestern haben nie wieder über den Vorfall gesprochen. Ich hatte nicht das Bedürfnis. Ihr war es vielleicht doch sehr peinlich. Ich bin mir nicht sicher. Entschuldigt bei den Kindern hat sie sich jedenfalls nicht. Seitdem ist mein Verhältnis zu ihr merklich abgekühlt. Das tut mir ein wenig leid, ist aber meinerseits ehrlich. Ich versuche, mich deshalb nicht schuldig zu fühlen. Denn das hätte sie, glaube ich, gerne, dass ich auch noch Schuld an der ganzen Situation damals war. All dies ist lange her und doch nicht vergessen. So richtig rehabilitiert hat sie sich erst vor kurzem: Sie hat im letzten Sommer ihr erstes Kind bekommen, einen Sohn, er heißt mit Zweitnamen Julius. Der Zweitname kam erst später hinzu. Sie sagte mir neulich, dass sie in der ersten Zeit nach der Geburt ihres Kindes so viel hätte an mich denken müssen und wie es wohl für uns »damals« gewesen sei. Ich nehme das mal so hin. Es ist sicherlich ein wie auch immer gemeintes spätes Zugeständnis. Vielleicht werden wir uns ja jetzt wieder etwas näher kommen.

Eine unschätzbare Hilfe ist die Unterstützung, die uns angeboten wird, um unseren Alltag zu meistern. Ohne diese Hilfe wäre ein Leben, so wie wir es führen, nicht zu schaffen. Um diese Hilfen zu bekommen, müssen wir oft fragen und darum bitten, manchmal auch dafür bezahlen. Die Unterstützung zu organisieren, ist ein Teil unseres Alltags, aber es ist etwas geworden, das uns anstrengt und auch zermürbend sein kann.

Selbst ganz alltägliche Situationen oder Termine müssen genau geplant werden: Alle Kinder sind zu Hause und der Kühlschrank ist leer. Ich muss dringend einkaufen. Es ist sehr anstrengend, allein mit Katharina einkaufen zu gehen, geschweige denn mit allen dreien. Alles, was in Reichweite ist, wird von Katharina angefasst, Füße in Regale gestreckt, an fremden Taschen und Regenschirmen gezogen. Manchmal mache ich so etwas bewusst, gehe mit ihr gezielt wenige Sachen einkaufen und sehe dies als Training an. Aber so etwas ist nicht immer möglich. Es ist wunderbar, wenn in so einer Situation die Oma kommt, die die Kinder eine Stunde betreut.

Es ist noch wunderbarer, dass es Menschen gibt, die fragen, ob sie uns helfen können. Hilfe anzunehmen ist auch nicht einfach. Allen und auch uns selbst wollen wir zeigen, wie toll wir alles hinkriegen: »Es ist doch fast alles normal bei uns, kein Problem für uns, unsere Familie ist eben etwas Besonderes.« Das ist auch etwas, das wir uns selbst immer wieder erzählen, um uns zu stärken. Es ist wahr, es ist aber auch einfach anstrengend, so zu leben. Viele Dinge werden wir nie gemeinsam mit unseren behinderten Kindern machen können. Diese Trauer darüber ist ein Teil unseres Lebens. Ein Leben, das sehr facettenreich ist und uns Seiten zeigt, die wir ohne unsere besonderen Kinder nie kennengelernt hätten.

Etwas Bemerkenswertes für uns ist, wenn gezielt etwas mit unseren behinderten Kindern unternommen wird – ohne einen besonderen Grund. Wenn die Oma oder der Opa zum Spielen kommen, wenn die Tante die Kinder zu einem Ausflug oder ins Schwimmbad abholt, wenn die Nachbarin mit dem Kind einen Spaziergang macht oder der Freund mit dem Kind eine Stunde auf dem Spielplatz tobt, wenn unsere Kinder aus dem Kindergarten abgeholt werden, zur Therapie oder in die Schule gebracht werden. Das ist eben nicht selbstverständlich und es macht für uns so viel aus.

Diese Hilfen werden um so wichtiger, je älter unsere Kinder werden. Je weiter die Schere zu Gleichaltrigen auseinanderklafft, desto schwieriger gestaltet sich ein normales Alltagsprogramm. Als unsere Kinder noch kleiner waren, sich weniger auffällig benommen haben, war es für uns und unser Umfeld leichter, nach außen ein fast normales Leben zu führen. Auch andere kleine Kinder können nicht sprechen, laufen nicht und werden im Buggy geschoben oder weinen und schreien auch mal. Unsere Kinder sind größer und auffälliger geworden, und viele dieser Eigenschaften haben sie beibehalten. Damit wird es immer schwieriger – wir fallen auf, passen in keine Norm, sind anders. Es tut uns weh, dass unsere Kinder immer angeschaut und bestaunt werden. Für uns ist es deshalb immer wichtiger, dass uns diese Unterstützung bleibt, dass uns Menschen auf dem Weg mit unseren Kindern begleiten.

Es berührt uns, dass es diese Menschen gibt, die unseren Kindern etwas Gutes wollen. Das sind diejenigen, die gemerkt haben, was wichtig für uns ist und wie sie uns wirklich helfen können. Für uns bedeutet es sehr viel mehr als die Stunde Freizeit, die der andere investiert. Wir empfinden eine große Dankbarkeit und Zuneigung für diesen Einsatz, den diese kleine Gruppe um uns herum zeigt.

Kapitel 11

Kampf mit den Institutionen

Ode an Herrn B.

Wir begannen recht früh, Nora krankengymnastisch zu behandeln. Mit vier Wochen direkt nach der Verlegung auf die Frühgeborenenstation ging es los. Fast alle Frühchen wurden beturnt. Auch uns war klar, wir müssten irgendetwas tun, denn die Prognosen schienen nicht sehr gut. Wenn wir ehrlich sind, waren wir auch froh, endlich auch mal »aktiv« sein zu können. Außer Milch abpumpen, Fieber messen und mal Windeln wechseln im Inkubator waren unsere »Elternfähigkeiten« bisher noch nicht weiter getestet worden. An »einfach nur mal schmusen«, das Baby-Eltern-Gefühl genießen und auf sich wirken lassen können, war sowieso nicht zu denken. Das Kind zu »turnen« war also durchaus positiv besetzt, auch wenn Nora bei der Behandlung schrie wie am Spieß! Turnen, das hieß für die Kinder im Krankenhaus Frankfurt-Höchst: Behandlung nach Vojta. Eine Alternative gab es nicht, wurde auch nicht erörtert und wir hatten auch keine anderen Informationen. Wir waren dankbar für die tägliche Anleitung und sahen einen Sinn darin, auch wenn so vieles am Anfang neu für uns war.

Bei Noras Entlassung konnte ich gleich einen Folgetermin bei Frau C. im SPZ ausmachen. Gleich an einem der nächsten Tage konnten wir dort anfangen. Frau C. ging mit uns durch die ersten Höhen und Tiefen. Ständig wurde sie von uns gelöchert, wie es denn nun mit Noras Entwicklung aussähe. Würde sie mal sitzen, krabbeln, laufen? Frau C. hielt sich immer sehr zurück mit ihren Äußerungen. Einmal konnte sie sich zu folgender Aussage hinreißen lassen: »Ich glaube, Nora wird nie normal sitzen, krabbeln, laufen!« Tränenüberströmt verließ ich das SPZ. Das sollte nicht das einzige Mal bleiben. Frau C., bei der wir dreimal die Woche turnten, wurde zu einer echten Vertrauensperson. Sie bekam viel mit von der Familiensituation. Ein großer Schock war es damals für mich, als sie uns erzählte, sie würde das SPZ verlassen.

Also wechselten wir die Krankengymnastin innerhalb des SPZ – das schien völlig unkompliziert, ziehen dort doch alle an einem Strang und turnen nach Vojta. Frau A. war nun für uns zuständig. Ich wollte professioneller mit ihr umgehen, mit ihr nicht so vertraut werden, damit eine erneute Trennung nicht so schmerzhaft werden würde. Doch im Laufe der Jahre gewöhnten wir uns aneinander. Auch diese Therapeutin kannte uns sehr gut. Gehörte das dazu? Ich dachte, eigentlich nur die Frühförderin hat einen tiefen Einblick in die Familie und Krankengymnasten hätten eine andere Funktion. Doch auch Frau A. durchlebte mit uns all die Zweifelphasen, die es so gibt im Therapiedschungel. Tun wir das Richtige? Machen wir genug? Ist Vojta das einzig Wahre? Oft haben wir diskutiert, hinterfragt und sind im Endeffekt doch dabeigeblieben. Vermutlich genau deshalb, weil Frau A. uns eine Vojta-Pause angeboten hat, um selbst zu sehen, wie es ohne sei. Wir haben es nicht getan. Wir haben es nicht bereut.

Nora machte Fortschritte, und auch ich fühlte mich ganz fit im Halten der vorgegebenen Lagen. Wie in einer sportlichen Disziplin wollte ich – natürlich auch mit Nora – weiterkommen. Ein »Trainerwechsel« musste her. Es war nicht ganz einfach, dies der betreuenden Ärztin im SPZ zu erklären, hatte ich doch einen guten Draht zu Frau A. und kein Problem mit ihr. Schließlich glaubte mir die Ärztin doch und wir kamen zu Herrn B.

Obwohl es von mir gewünscht war, fiel mir der Weggang bei Frau A. doch schwer. Abermals nahm ich mir vor, diesen neuen Therapeuten nicht so nah an uns heran zu lassen. »Turnen« sollte er uns »lehren«.

Schon mehrere Jahre turnen wir nun bei Herrn B. Er ist uns so ans Herz gewachsen, dass ich ein Ende der Krankengymnastikstunden vermutlich kaum überstehen könnte. Einmal pro Woche sehen wir uns, und zu lernen gibt es immer noch genug für mich. Nora liebt ihren »B.«, schreit sie mal mehr, mal weniger laut. Wir arbeiten viel an ihrer Kooperationsbereitschaft. Ich hätte nie gedacht, dass die Bindung an einen Krankengymnasten so eng werden könnte. Vielleicht liegt es daran, dass wir uns so regelmäßig sehen und uns mitteilen. Vielleicht liegt es daran, dass doch auch geschaut wird, was rundherum passiert. Wie ist Nora gestimmt? Wie sind die Anforderungen an sie in der Schule? Die Übungen variieren. Oft ist auch Herr B. dem Schwitzen nahe und kämpft genauso viel mit Nora wie ich. Dann freue ich mich, denn ich sehe, dass auch er Mühe hat, Nora festzuhalten. Sind wir wirklich mal ratlos oder wollen eine objektivere Meinung zu Noras fortschreitender Skoliose, wird noch eine weitere Kollegin zu Rate gezogen. Frau D. – eine Koryphäe auf ihrem Gebiet – weiß immer Rat!

So turnen wir munter weiter, mal mehr, mal weniger motiviert. Zweifel kommen immer wieder auf, aber nicht so tiefgreifende. Herr B. hält sich sehr zurück in Sachen Prognosen. Die Ziele sind klar definiert: Nora soll alleine in den Rolli rein und raus können. Es gibt viel zu tun und wir pakken es an.

Sogar echte Turnpausen können wir inzwischen einlegen, sie genießen und Urlaub machen. Wir wissen ja, es geht immer weiter – gemeinsam.

Einmal im Jahr
gehöre ich dazu.
Fühle mich in meinem Element.
Kann mitreden, finde aufmerksame Gesprächspartner.

Jeden Herbst
wird die Welt bunter,
die Stadt bequemer,
sie stellt sich auf uns ein – ab Bahnhof
man sieht sich, freut sich
wegen Seinesgleichen im Straßenbild.

Stundenlang dabeisein,
alle Sinne öffnen für Entdeckungen:
Was gibt's Neues, womit könnte ich mich noch beschäftigen?
Wie Ideen praktizieren?

Endlich wieder im Oktober
Themen erörtern, die nicht tabu sind, sondern besonders gefragt;
Leute wiedersehen.
Man interessiert sich für uns.

Vier Tage
ein internationales Coming out,
aber die Neuigkeiten nur am Rande der News!
Die Welt sieht uns –
Oder doch nur den Wirtschaftsfaktor?

Einmal im Jahr
genieße ich es dazuzugehören, als Sozial- und Sonderpädagogin,
als Therapeutin, als Designerin von Hilfsmitteln,
als Beraterin, als vielseitig interessierte Fachfrau,
als kompetente Gesprächspartnerin
im internationalen Kreise.

Während dieser Tage
wird aus der »Nur«-Mutter
die Person mit intensiven Branchenkenntnissen und -erfahrungen.
All diese Professionen hätte ich als
»normale« Mutter wahrscheinlich noch nicht einmal gestreift.

Ich freu mich auf die Messe
da wird unsere eingeschränkte Welt ganz groß.
Und ich erlebe Menschen mit Schicksalen,
die ich »draußen« nicht gesehen hätte,
deren Situation ich nicht hinterfragt hätte,
von deren Problemen ich wohl nie gehört hätte.
Ich erahne, was einem alles passieren kann!
Was gutgehen muß
im Leben!

Eigentlich bin ich dankbar, dass ich für Menschlichkeit geöffnet wurde.

Als Familie mit drei kleinen Kindern, die einen relativ geringen Altersunterschied haben, gehören wir ja eigentlich schon zu einer Minderheit, es gibt nur wenige, die sich freiwillig darauf einlassen. Dass bei uns die Mama ganztags arbeitet und der Papa voll zuhause ist, ist außerdem noch etwas Besonderes, dass aber ein behindertes Kind darunter ist – ist schon wirklich selten zu finden – ungewöhnlich, ausfüllend und anstrengend.

Es gibt die üblichen gesellschaftlichen Verpflichtungen, die sich schon auf ein Minimum reduziert haben, und die normalen Ereignisse im erweiterten Familienkreis, die uns nicht immer leicht fallen, einfach wegen der weiten Wegstecke von ca. einer Stunde Autofahrt. Mein Schwiegervater ist stark pflegebedürftig, wo wir doch soweit helfen wollen, wie es eben machbar ist. Wir wohnen seit 1½ Jahren in einem noch nicht fertig renovierten Haus, die Arbeit dort wartet sozusagen auf etwas mehr Zeit. Alles in allem – ein anstrengender Alltag!

Wenn dann der Kindergarten Teamtage, andere Schließtage oder sogar drei Wochen Sommerferien hat, von Krankheit der Kinder will ich jetzt gar nicht reden, sind das schon wirklich besondere Tage, die einer besonderen Planung unterliegen.

Den ganzen Tag mit drei kleinen Kindern allein, die sich manchmal furchtbar zoffen, auch mal schlecht drauf sind oder auch ihre Schmusezeiten brauchen, ist nicht einfach zu bewerkstelligen, zumal ja auch eingekauft und der Haushalt versorgt werden muss. Die Oma nebenan, die mal eben schnell nach den Kindern schauen kann, haben wir leider nicht. Und an so was wie Schwimmbad ist gar nicht zu denken: Marlon auf dem Arm, Felix im Wasser und Nina läuft davon – eine grausame Vorstellung!

Für die Sommerferien hatten wir uns also was überlegt, um Hilfe von außen zu bekommen. Es gibt doch Ferienintensivbetreuungen. Ich kann maximal zwei Wochen Urlaub nehmen, eine Woche davon wird Ludwig bei seinem Vater sein, wo er wahrscheinlich ganz gut unseren Felix mitnehmen kann. Also hatten wir uns gedacht, wie im letzten Jahr auch, wir melden Nina, für die dritte Woche, bei der Ferienintensivbetreuung an. Nina bräuchte eigentlich keine Eins-zu-Eins-Betreuung, aber uns war bis dahin keine andere Ferienbetreuung für Vorschulkinder bekannt. Im letzten Jahr haben wir diese Betreuung über die Pflegekasse finanziert. Die zusätzlichen 460,- € für die Betreuung von zu pflegenden Personen pro Jahr steht uns ja zu, und diese waren auch noch aus dem Vorjahr vorhanden. Also zweimal 460,- € reichten aus, um fast eine Woche Ferienintensivbetreuung zu finanzieren. Nina wurde morgens um 9.00 Uhr bei uns abgeholt und am Nachmittag wieder gebracht. Es war ein Riesenspaß für Nina, eine Woche Ferien nur für sie. Man konnte jeden Morgen aus ihren Augen ablesen, wie stolz sie war, mal etwas ohne ihre Brüder machen zu dürfen. Ein Schritt mehr zu ihrer Selbstständigkeit. Nina hatte keine Probleme, sich auf die Betreuungsperson einzulassen, wo diese doch auch sehr freundlich und einfühlsam mit ihr umging. Ludwig hatte etwas Erleichterung, denn mit zwei »normalen« Kleinkindern kann man den Tag leicht so gestalten, dass jeder auf seine Kosten kommt und dabei auch etwas Haushalt erledigt werden kann.

Für diese zweimal 460,- € waren zwei Telefonate und insgesamt drei Schriftstücke mit der Krankenkasse notwendig, ein Aufwand, der, gemessen an der Hilfe, die wir bekommen haben, durchaus berechtigt ist.

Aber in diesem Jahr sieht das anders aus. Da die Finanzierung über die Pflegekasse nicht ausreichen wird, haben wir einen Antrag bei unserem zuständigen Sozialrathaus gestellt. Gemäß Sozialgesetzbuch IX § 39 steht uns die Eingliederungshilfe auch für Familienentlastende Dienste zu – allerdings einkommensabhängig. Gut, dann legen wir also unsere Finanzen offen. Von einigen Familien, die im mittleren Einkommensbereich einzuschätzen sind, wussten wir, dass es funktioniert. Allerdings konnte man uns am Sozialrathaus keine nähere Auskunft geben. Man konnte uns nichts über die Einkommensgrenzen sagen, so dass wir vorher hätten abschätzten können, ob sich ein Antrag lohnt oder nicht oder ob sich die Grundlagen im Vergleich zum Vorjahr geändert haben. Sie konnten uns nicht sagen, ob es andere Anbieter oder andere Formen für Ferienbetreuungen gibt.

Gibt es denn nicht so etwas wie eine Beratungspflicht? Wenn der eine Sachbearbeiter sich nicht auskennt, ist ihm das nicht unbedingt krumm zu nehmen, er sollte aber einen seiner Kollegen benennen können, der beraten kann. Oder verlange ich da zuviel? »Füllen Sie erstmal den Bogen zur Einkommenssituation aus, vollständig!« Uns wurde ein zehnseitiger Fragebogen überreicht, der mit »Hilfe zum Lebensunterhalt« überschrieben ist. »Nein, nein, wir wollen keine Sozialhilfe beantragen, wir haben ein behindertes Kind, das ein Recht auf Hilfe hat!«

Nach langem Durchfragen an verschiedenen Stellen hörte ich, dass in den vergangenen Jahren manchmal sogar einkommensunabhängig gefördert wurde, aber in Zeiten der knappen Kassen hält man sich strickt an die Regeln. Ist ja auch in Ordnung, wir wollen keine Almosen, wir wollen Unterstützung. Aber muss man dazu jedes kleinste Sparguthaben der Kinder angeben, jede einzelne finanzielle Verpflichtung aufzählen? Das Ausfüllen des Fragebogens würde mehrere Stunden in Anspruch nehmen und nur den Steuerbescheid akzeptieren sie nicht. Nach längeren Recherchen kam eine Berechnungsgrundlage zutage, nach der nur die Verdienstbescheinigung vorzulegen und die Wohnsituation deutlich zu machen ist. Muss ich jetzt dem Sozialrathaus erklären, was die Berechnungsgrundlagen sind? Muss ich mich auf diesen neuen Kampf einlassen? Man wird mich abblocken, den Vorgang einfach liegen lassen, solange ich nicht den Fragebogen ausfülle. In anderer Sache haben wir diesen Zirkus schon einmal durchgemacht. Selbst eine Ablehnung muss man einfordern, denn nur mit einem Ablehnungsbescheid ist es möglich, Widerspruch einzulegen, der dann bei der nächst höheren Stelle bearbeitet werden muss: alles nur Maßnahmen zur Abwehr von rechtlich zustehenden Ansprüchen!

Das Amt hat gewonnen, ich habe den Antrag zurückgezogen. Ich kann und will das nicht mehr! Es ist zeitraubend, mühsam und ärgerlich.

Inzwischen wurde uns bekannt, und das auch nur per Zufall, dass die integrativen Ferienspiele der Stadt (26,- € pro Woche) für Kinder ab sechs Jahren gedacht sind und nicht, wie wir dachten, ausschließlich für Schulkinder. Da Nina ohnehin keine Eins-zu-Eins-Betreuung braucht, immer gerne was mit anderen Kindern zusammen unternimmt und auch relativ gut auf fremde erwachsene Personen reagiert, haben wir sie bei den Ferienspielen für eine Woche angemeldet. Nina muss morgens von uns gebracht und am Nachmittag wieder abgeholt werden, was wir nur durch eine besondere Abstimmung mit meinem Arbeitgeber relativ gut regeln können. Zum Glück lässt da mein Arbeitgeber mit sich reden, aber das wird wohl nicht überall der Fall sein.

Dieser mühsame Ablauf für eine Woche Betreuung eines behinderten Kindes zur Entlastung eines ohnehin schon anstrengenden Alltags einer fünfköpfigen Familie wirft im Nachhinein einige Fragen auf: Hätte das nicht alles viel einfacher laufen können? Warum gibt es nicht eine Stelle, die auch in finanziellen Fragen rund um die Behinderung umfassend beraten kann, und das nicht nur für uns Eltern, sondern auch für die Rathäuser? Warum werden die Angebote für Ferien, Freizeit oder Ersatzpflege für behinderte Menschen nicht gebündelt, in einem Netzwerk übersichtlich dargestellt? Jede Einzelmaßnahme muss man sich mühsam zusammensuchen. Theoretisch stehen Behinderten und deren Familien finanzielle Hilfen zu, praktisch ist aber jeder Taler ein großer Kampf mit den verschiedenen Institutionen.

Durch solche Aktionen gehen uns ungeheure Kräfte verloren, die wir eigentlich gerade für unser behindertes Kind bräuchten.

Der Autositz – oder wie die Versicherung das Leben behindert

Manche Gedanken an Erlebnisse tauchen spontan wieder auf, gerade wenn ich sie nicht erwarte oder gar nicht gebrauchen kann! Eigentlich wollte ich mich entspannen und die seltenen Minuten der Stille genießen, um zur inneren Ruhe zu kommen. Da saust der vor Tagen gesehene Werbespot von Marvins privater Krankenkasse auf mich zu und prallt voll in mein Hirn: Junge, schöne, dynamische, sportliche Leute joggen durchs TV-Programm; eine jugendliche Stimme vermittelt die verbindliche Wohlfühlwärme der frühen Kindheit. Komm in den Schoß der Versicherung.

Gesichert werden soll die Lebenssituation nach dem Versicherungsfall, doch es glaubt sich so gut, dass man mit jeder Beitragszahlung das Risiko des eigenen Falles auf Null reduziert hätte. »Ich bin ja versichert! Also lebe ich drauflos!«

Natürlich gibt es Unfälle, Katastrophen drängeln sich durch die News, sehen aber eher wie schlecht nachgestellte Movies aus. Was ist Realität, was Spiel? Die Videohelden und Bösewichte mit ihren tausend Leben vernebeln schon die Sinne der Jüngsten. »Mir passiert schon nichts!« »Uns doch nicht!«

Jetzt sitze ich gar nicht mehr entspannt da, erinnere mich an die Stimme des Sachbearbeiters genau dieser Versicherung: »Wir zahlen den beantragten Kinderautositz für ihren Sohn nicht! Bei einem Autokindersitz handelt es sich nicht um ein Pflegehilfsmittel, auch eine Übernahme aus der Krankenversicherung ist nicht möglich, da es sich um kein erstattungsfähiges Hilfsmittel handelt.«

Hier geht es nicht um die normalen € 100,- für ein Teil aus dem Babyshop! Ein speziell für behinderte Kinder konstruierter Autokindersitz, der vom TÜV abgenommen, über Sanitätshaus und Rehafirma bestellt werden muß, kostet in der Grundausstattung schon mindestens € 2000,-!

Marvin ist mit damals fast sieben Jahren aus seinem Kleinkindautositz, der normal im Handel für Kinder so von drei bis sechs Jahren angeboten wird, endgültig herausgewachsen. Marvin ist zwar schmal, aber so lang wie ein normal entwickeltes Schulkind. Nicht nur Rückenhöhe und Sitztiefe des »alten« Sitzes sind ausgereizt. Damit zu fahren ist gefährlich für seine Gesundheit, und das nicht erst bei einem Unfall. Die schiefe

Haltung darin verstärkt seine Skoliosebildung! Weil Marvin nicht aus eigener Kraft sitzen kann, sackt er in sich zusammen, wenn er eigenständig sitzen soll: auf dem Sofa, im Bett, auch auf der Therapieliege, selbst eingequetscht mit Kissen in einer Sesselecke. Ärztlich attestiert – sogar vom Medizinischen Dienst unserer Privatkasse – und seitens dieser Kasse schon lange anerkannt, benötigt Marvin zum Sitzen Hilfsmittel.

Zu Hause »sitzt« er also in einer seinem Körper individuell angepaßten Sitzschale auf einem Gestell, das mit Rollen versehen auch noch seine Beine »ersetzt«. So aufgerichtet kann er gefüttert werden, kann mit seinen Möglichkeiten am Leben teilnehmen, ist mobil, wenn wir das sogenannte Zimmergestell schieben. Für die Sicherstellung der Mobilität draußen erhielten wir von der Kasse eine ebenfalls individuell angepaßte Sitzschale mit einer Art Buggyuntergestell.

Wir beantragten also einen Autositz für behinderte Kinder. Für uns war klar, dass Marvin natürlich auch im Auto nicht selbständig sitzen kann. Sein Kinderarzt und Neurologe stellte das erforderliche Rezept aus. Der beantragte Kinderautositz steht natürlich auch mit der nötigen Hilfsmittelnummer im Hilfsmittelverzeichnis. In diesem Verzeichnis sind die von der Leistungspflicht umfassten Hilfsmittel aufgeführt, es wird erstellt und fortgeschrieben von den Spitzenverbänden der Krankenkassen (siehe § 128 SGB V).

Für Außenstehende – wie uns Eltern – ist dieses sehr ausführliche und übersichtlich gestaltete Hilfsmittelverzeichnis schwer einsehbar, am ehesten noch im Sanitätshaus. Ich kopierte mir die Seiten in der Deutschen Bibliothek in Frankfurt, die zwar in der Nähe unseres Wohnortes ist, aber doch nur mit besonderem Ausweis genutzt werden darf. Alle Anstrengungen, um besser informiert zu sein, stellten sich aber erst mal als zwecklos heraus, denn diese Richtlinien müssen für Privatkrankenkassen nicht gelten.

Wie soll unser behindertes Kind jetzt also transportiert werden: zum Arzt, zur Therapie, zur Schule? Wie sollen Fahrten, die wichtig sind, um am Leben des 21. Jahrhunderts teilzunehmen, bewerkstelligt werden? Fahrten über kürzere oder längere Strecken: zur Oma, zum integrativen Spielplatz, kleine Besuche, um die wenigen Freundschaften aufrecht zu erhalten?

»Niemand darf wegen seiner Behinderung benachteiligt werden«, sagt unser Grundgesetz (GG Art. 3 Abs. 3 Satz 2).

»Hilfsmittel sind sächliche medizinische Leistungen, ... die vom zuständigen Arzt verordnet werden können ... u. a. wenn sie eine Behinderung ausgleichen, wenn sie notwendig sind, einer Gefährdung der gesundheitlichen Entwicklung eines Kindes entgegenzuwirken« (aus: Hilfsmittel-Richtlinien), sagt der Gesetzgeber.

»*Nein*«, sagt unsere Versicherung und sinngemäß: »Sie haben für ihr Kind schon eine Sitzschale mit Zimmergestell und einen Buggy gezahlt bekommen. Wir zahlen schon so viel für ihr Kind. Im Interesse unserer Mitglieder müssen wir so handeln. Die wollen doch keine Beitragserhöhung und sollen auch keine erhalten.«

Ich erinnere an den netten Werbespot mit den ach so gesunden Vitalpersonen. Genau wie diese zahlen wir doch auch die monatlichen Beiträge! Außerdem gibt es in immer kürzeren Intervallen Beitragserhöhungen für meinen Mann und Marvin. Wieso habe ich dieses schleichende Schuldgefühl, dass wir dafür verantwortlich sein sollen?

Na klar! In der Werbung vermitteln sie eher den Eindruck einer Kasse für Gesunde! Da sind diese Art von Versicherungsfällen anscheinend mehr als unerwünscht!

Dann heißt es als weiteres Argument in dem Gespräch in etwa: »Sie können doch mit den öffentlichen Verkehrsmitteln fahren. Dafür haben Sie schließlich den Buggy erhalten.« Setzen Sie Ihr Kind in Bus und U-Bahn, wenn es fiebernd und geschwächt zum Arzt muss und Ihr Auto bequem vor der Tür steht? Soll ich mit schreiendem, elend krankem Kind ein oder zwei Mal umsteigen, ohne Hilfe, ohne Rolltreppen, Lift? Bedenken Sie die wesentlich längeren Fahrzeiten, die Ansteckungsgefahr oder das Risiko eines Fieberkrampfes!

»Nehmen Sie doch ein Taxi!« Gute Idee, im Notfall! Vielleicht nimmt mich der Taxifahrer auch mit, wenn ich Marvin auf dem Schoß halte, darf er aber eigentlich ohne Kindersitz nicht, ist supergefährlich, wenn's kracht! Zwar teuer, aber noch okay ist solch ein Transport für den Notfall. Doch was ist mit Routinebesuchen beim Spezialisten im 30 km entfernten Königstein? Wer zahlt die wöchentlichen Taxitouren zur Therapie?

Noch heute steigt Wut in mir auf, wenn ich an den Fortlauf des Gespräches mit unserer Privatkasse denke. Marvin habe schon zwei Hilfsmittel für's Sitzen; wir sollen damit arbeiten, heißt es. Ich versuche, klar und verständlich zu machen, wieso die zusätzliche Nutzung der Sitzschale eben als Autositz nicht möglich ist. Zum Einen ist es vom Gesetzgeber verboten, Sitzschalen, die nicht speziell für's Auto entwickelt und geprüft sind, im PKW zu verwenden; also ist eigentlich schon von dieser Seite her klar, dass Marvin eine spezielle Sitzschale für die Autofahrten benötigt, aber auch ein Umsetzen der vorhandenen Sitzschale ins Auto ist unmöglich.

Spielen wir es einfach mal theoretisch durch. Marvin sitzt also in der Sitzschale, die auf dem Buggyuntergestell befestigt ist, dann folgt: 1. Kind aus Sitzschale nehmen, 2. Sitzschale vom Buggy abmontieren, 3. Sitzschale im PKW montieren, 4. Kind hineinsetzen, 5. losfahren und ankommen, 6. Sitzschale wieder ausbauen und 7. auf das Buggygestell montieren, 8. Kind hineinsetzen und mobil sein.

Aber: »Wo war Marvin während des Umsetzens der Sitzschale?« Genau das ist der Punkt! Ich versuchte, dem Mitarbeiter unserer Privatkasse mit genau solch einer »Arbeitsablaufbeschreibung« das völlig Unrealistische seines Vorschlages klar zu machen: Wo lege ich das Kind zwischenzeitlich hin, denn Marvin kann doch nicht locker daneben stehen und warten? Auf die Straße oder in den Kofferraum? Und das alles bei Regen und mit womöglich einem ernsthaft krankem Kind.

Nun, der arme Sachbearbeiter – es war allerdings der Abteilungsleiter – kann sich das so praktisch nicht vorstellen, er hat doch nur seine Anweisungen. Aber behindert zu sein, heißt nun mal, anders als normal zu leben. Besonders ein Unternehmen, das gerade diese Fälle »des Abweichens vom Gesunden« zu seinem Geschäft gewählt hat, muss sich damit auseinandersetzen. Dass unser Kind behindert ist, fordert besondere Denkweisen und Einstellungen und ein Sich-Einstellen auf Sonderregelungen, Sonderanfertigungen usw. Wieso kann also die Kasse behaupten, dass Marvin für das Sitzen im Auto kein Hilfsmittel benötigt?

Ich will nicht verschweigen, dass die Kasse dann einen »freiwilligen« und »einmaligen« Zuschuß von damals DM 1500,- gewährte. Aber wieso ist der geschilderte Fall nur ein Kulanzfall, also kein Versicherungsfall? Was versichern die denn dann so besonders »Privates«, wo selbst die Gesetzlichen zahlen!

Jetzt ist die Situation immer noch nicht endgültig geklärt. Wir haben uns derweil beholfen, allerdings müssen wir dringend uns erneut kümmern. Marvins Körperhaltung wird leider immer abweichender von der Norm. Die Skoliose und andere Fehlstellungen lassen sich anscheinend nicht aufhalten.

Als Marvin klein war, bin ich zur Krankengymnastik gefahren und habe Therapien gesucht, um die normale, natürliche Entwicklung nachzuholen, womöglich ganz langsam, aber das Ziel war Drehen, Unterarmstütz, vielleicht robben oder sogar krabbeln oder wenigstens stabil sitzen! Da es keine Prognose gab, klammerten wir uns an alles und hofften auf Fortschritte. Stattdessen hat sich der Knochenbau so verdreht, dass der linke Hüftkopf aus der Pfanne gewandert ist, sich die Beine auf Kniehöhe überkreuzen, die Füße sich tendenziell in Spitzform deformieren, die rechte Schulter spastisch nach hinten dreht und somit auf den ganzen Körper einen Dauerzug ausübt.

Wir werden schnellstens einen neuen Autositz benötigen, und bei diesem müssen Marvins Fehlstellungen dringend mitberücksichtigt werden. Die normale Grundausstattung wird also in keinem Fall ausreichen, und eine spezielle Sitzschale individuell angepaßt werden müssen. Sollte ich zuversichtlich sein, dass unsere »Gesundheitskasse« dieses notwendige Hilfsmittel jetzt zahlt? Oder lieber schon mal sparen? So mindestens 3000,- €.

Ich scheine irgendwie »weichgekocht«! Nicht mehr so kämpferisch. An den Argumenten hat sich nichts geändert, aber das tägliche Kämpfen und Agieren in unserer Sonderstellung hat viel von meiner Kraft gezogen. Es gibt wichtigere Dinge im Leben, als sich über Geld aufzuregen! Aber das trifft ja nicht den Grund! Wir verurteilen ja eigentlich die Kasse wegen ihrer Unfähigkeit, den Unsinn ihrer Prinzipien einzusehen.

Wieso also resignieren? Durch die Gewohnheit an das Besondere müssten wir doch gestärkt sein für die Konfrontation mit der direkten Umwelt. Sollten wir nicht dankbar sein, dass die Kasse noch so ziemlich alles andere zahlt: teure Medikamente, Therapien, Fahrten des Notkrankenwagens, Windeln, Pflegegeld, kleine Rentenansprüche usw.?

Doch die Gesetzlichen und Privatkassen drücken sich, wo es ihnen die Gesundheitsreform erlaubt. Müssten die Menschen nicht ihre ganze Einstellung neu überdenken? Denn der Gedanke sitzt tief: »Das kann mir doch nicht passieren! Uns doch nicht! Wir sind doch versichert.« Allerdings bleibt mir der Satz aus dem Antwortschreiben vor Augen: »... ein tariflicher Leistungsanspruch besteht weder aus der Kranken- noch aus der Pflegeversicherung.«

Das Leben ist ein Kampf

Genügt es denn nicht? Mein Kind ist behindert. Ich habe es mehr oder weniger akzeptiert! Aber muss ich denn auch noch für alles kämpfen?

Nora liegt noch auf der Intensivstation. Der Oberarzt beschreibt mir während eines Ultraschalls vom Hirn die großen Schäden. »Ihr Kind wird motorisch und geistig stark behindert sein.« Zu einer näheren Erläuterung und zum besseren Verständnis der Sachlage vereinbaren wir einen Termin mit dem zuständigen Professor und Leiter der Kinderklinik. Wie wird unsere Zukunft aussehen mit so einem Kind? Auf was müssen wir uns gefasst machen? Eine Menge Fragen tun sich auf und belasten uns stark. Wir sind verzweifelt. Doch der Professor belächelt alles nur milde, stellt sogar die Aussage seines Oberarztes in Frage und erzählt uns von seinen Kindern und den verschiedenen Entwicklungsschritten zu unterschiedlichen Zeitpunkten. Das kann ja wohl nicht wahr sein! Wir wollen Aufklärung und wissen, was Sache ist. Der Kampf beginnt. Wir suchen uns einen neuen Arzt.

Ich muss mein Kind heben, tragen, wickeln, an- und ausziehen, kämmen. Ich muss erahnen, was sie möchte oder wo sie sich verletzt haben könnte, denn sie kann es mir nicht sagen und ihr Schmerzempfinden ist kaum vorhanden. Ich muss trösten, obwohl ich nicht weiß warum. Ich muss beim Essen helfen, denn es dauert übermäßig lange. Ich stehe jede Nacht mehrmals auf zum Beruhigen des Kindes.

Der Antrag auf eine Einstufung in eine Pflegestufe ist vom Medizinischen Dienst der Krankenversicherung (MDK) abgelehnt. Einspruch! Wir kämpfen.

Nora kann nicht laufen. Für ihren Buggy ist sie jetzt zu groß. Die Ärzte verschreiben einen Rollstuhl. Die Erzieher und Therapeuten haben uns dazu geraten. Er müsse ja nicht den ganzen Tag benutzt werden. Die Krankenkasse lehnt die Anschaffung dieses Hilfsmittels ab. Einspruch! Wir kämpfen.

Nora ist immer lieb und nett. Sie lächelt viel, vor allem, wenn sie unsicher ist. Bekannte und Verwandte finden sie süß. Ist sie ja auch. »Niedlich« passt auch gut, weil sie für ihr Alter auch noch sehr klein, zierlich und gut zu handhaben ist. Nora ist nicht auf dem geistigen Stand ihres

Alters und kann nicht laufen. Ist das ein Grund, mit ihr zu sprechen, wie mit einem Kleinkind und sie immer rumzutragen? Wir kämpfen.

Nora ist sechseinhalb und soll in die Schule kommen. Die ersten Milchzähne hat sie schon verloren. Insgesamt wirkt sie noch recht klein und zierlich, also nicht dem kalendarischen Alter entsprechend. Ich weiß nicht, ob sie jemals rechnen, lesen oder schreiben lernen wird. Trotzdem hat sie Spaß in einer Gruppe mit anderen Kindern. Diese bringen sie ungemein vorwärts. Nora hat viele Fortschritte gemacht.

Während der Untersuchung und Testsituation zur Überprüfung des sonderpädagogischen Förderbedarfs verweigert sie sich total. Sie wird ja auch für »blöd« gehalten und nicht »normal« behandelt! Eine Ärztin, eine Physiotherapeutin und eine Sonderschullehrerin kommen zu dem Schluss: Nora könne keine Gegenstände benennen, hätte keine Objektpermanenz, könne »vorne« und »hinten« nicht unterscheiden, spreche kaum, sei in einem Bildteil für einen IQ-Test »nicht testbar«, könne keine Bauklötze stapeln.

Da muss ich mich schon wundern. Alle anderen Erzieher, Therapeuten und die Frühförderin, die Nora kennen, berichten ständig das Gegenteil. Soll es nur an dem »ungenügenden Testmaterial« liegen? Dabei findet die Überprüfung doch extra in einer körperbehinderten Schule statt. Die sollten doch bestens ausgerüstet sein mit Materialien für Kinder mit einem Hilfebedarf.

Klar kann Nora keinen Ball fangen, keinen Rhythmus nachklatschen, ihren Namen nicht schreiben und nicht in vorgegebene Kästchen Rauten malen. Aber wenn sie das könnte, dann wäre vermutlich auch nicht der Stempel »sonderpädagogischer Förderbedarf« nötig. Doch die Sonderpädagogin, die Ärztin und die Schulleitung raten uns zur Zurückstellung des Kindes für ein Jahr.

Wir sind anderer Meinung. Wir kämpfen: Nora soll in die Schule kommen. Am besten in eine integrative Schule mit behinderten und nicht behinderten Kindern zusammen.

Kapitel 12

Gedanken

Kindheitserinnerungen

Zuerst noch rostig auf purem Weiß
doch bald rutschen die Kufen
geschwind den Hügel hinab,
die flotte Fahrt zaust im Haar,
eine Träne verliert sich salzig trocknend auf der Wange,
ich rieche die kalte Luft der Tannen,
der Wind schneidet
doch ich fühl mich wohl
könnte jauchzend die Welt umarmen
ein warmes Zuhause und die Erinnerung an die Freiheit vergeben
der Kälte
Kindheitserinnerungen!
Eiskalt erschauern läßt mich der Gedanke, dass solch eine
kinderlachen-durchtränkte Schlittenfahrt unser Kind niemals erleben
wird!
Und wir nicht mit ihm!
Knisternde Rosen auf kleinem seidigem Kleid drapiert
lassen den Kindheitswunsch sprießen:
»Spielst du mit mir Verkleiden?«
Sich hineingenießen in die ersehnten Rollen,
zaghaft geschlüpfte Träume.
Das Kleid belasse ich bei der netten Verkäuferin auf dem Flohmarkt,
verunsichert, wieso mich sein Anblick so gereizt hat.
Kindheitserinnerungen!

Mit dem eigenen Kind die Kindheit teilen,
Situationen so arrangieren wie selbst gekannte
vor langer Zeit, Träume – in der Vergangenheit zu wenig realisiert –
könnten mit Sohn oder Tochter Gestalt annehmen.
Schneemann bauen, im Karnevalskostüm flink die Kamelle auffangen,
das neue Rad ausbalancieren, die Bäume an ihren Verschiedenheiten
erkennen,
Waldbeeren und -pilze sammeln wie einst mit der Oma,
Lieder singen, Bilder malen, Geschenke basteln, Verstecken spielen

»Wer läuft in meine Arme?«

Niemand!

Nicht nur die Eisenbahn kauft der Vater eigentlich sich selbst
zu Weihnachten,
und die Mama hätte doch so gerne mal in schickem
Prinzessinenkostüm gestrahlt
unzensiert wieder Kind sein, albern spielend, ausgelassen kichernd
ohne das Gewicht der Verantwortung.

Diese Wünsche kommen in mir hoch, versteigen sich in der Phantasie
zu tollsten Filmabläufen.
Doch mein Drehbuch hat andere Seiten,
die Dramaturgie ist deutlich tragischer,
keine idyllische Familienserie – eher ein Epos von besonderer
Tragweite mit nicht enden wollenden
undefinierbaren Folgen!

Jetzt feiern die anderen Fasching, holen noch mal erfreut den
Schlitten raus, rennen über die Wiese

wer pflückt ein Gänseblümchen für mich?

Die Anderen klettern auf's Baumhaus

Ich bekomme den Blues – werde aber gleich wieder funktionieren!
Erwartet wie immer!
Selbst ich gestehe mir die Schwächen nicht zu!
Aber eigentlich sind es keine!

Schlechte Aussichten

Im Mai letzten Jahres fand das erste Down Syndrom-Sportfestival statt. Eine Veranstaltung, die gesponsert wurde und hoffentlich noch lange wird, von der Firma Hexal. Hexal als Pharmazieunternehmen sagt, sie möchten gern ihre Spenden dort einsetzen, wo mit ihren Produkten nichts machbar ist; eine Sichtweise, die zum Nachdenken animiert, aber durchaus akzeptabel ist.

Zu dieser Veranstaltung gehörte auch eine kleine Podiumsdiskussion »Bewegung und Ernährung für Menschen mit Down Syndrom«. Vor allem wurde die Veranstaltung besucht von Eltern, deren Kinder schon 20 Jahre und älter sind. Wir, d. h. unsere Stammtischgruppe, war etwas verunsichert, sonst sieht man auf solchen Veranstaltungen fast nur junge Eltern. Nach der Vorstellung der Podiumsteilnehmer und einem Einführungsvortrag schloss sich eine rege Diskussion an. Die meisten Eltern beklagten sich darüber, dass sie sich immer für gesunde Ernährung und Bewegung ihrer Kinder stark gemacht hätten, solange die Kinder noch zu Hause waren, aber nun, da die Kinder – oder besser gesagt die jungen Erwachsenen – oft nicht mehr zu Hause leben, ist das anders. In vielen Behindertenwerkstätten und Wohnheimen gäbe es verkochtes Essen, absichtlich verkocht, so dass es schnell mit einem Löffel gegessen werden könnte. Mit Messer und Gabel zu essen dauert einfach länger und ist in vielen Einrichtungen personell nicht zu leisten. Was hat das für Folgen für den Organismus oder auch für die Zähne?

Was macht das mit dem Selbstwertgefühl der behinderten Menschen?

In den Wohnheimen würden die Behinderten gefragt, ob sie mit zum Sport gehen wollten, aber vielfach würde das Fernsehen vorgezogen. Von Selbstbestimmung wird geredet, das aber klingt eher wie eine Ausrede. Besser wäre ein festes Freizeit- und Sportprogramm, so dass sich keiner drücken kann. Viele engagierten Eltern holen ihre Kinder zum Laufen oder Schwimmen ab, da es im Wohnheim an Personal fehlt, um die Bewohner zu begleiten bzw. zu fahren. Was nutzt die elterliche Fürsorge über all die vielen Jahre, wenn es nicht weitergeführt wird? Die Eltern machen sich Sorgen: Wie soll das erst werden, wenn sie selbst zu alt sind und diese zusätzliche Betreuung nicht mehr übernehmen können?

Was sind das für Aussichten für uns jüngere Eltern, wo doch soziale Kälte immer deutlicher in unserem Land spürbar wird?

Es geht zwar nicht um Essen und Bewegung, aber wirklich anders ist das bei der Schulsituation auch nicht. Im Vorschulalter bemühen sich viele Eltern, Frühförderer und Therapeuten um die kognitive Entwicklung der Kinder, sind bestrebt, soviel wie möglich an ihre Kinder heranzutragen, ohne sie zu überfrachten und trotzdem noch ein normales Leben zu führen. Daher wissen die Eltern durchaus, wozu ihr Kind fähig ist und wozu nicht. In den Kindergärten wird zunehmend bessere Integrationsarbeit geleistet, die Kinder untereinander profitieren sehr voneinander, es ist für sie normal, verschieden zu sein. Aber dann sollen die Kinder in eine Sonderschule abgeschoben werden, weg von der Normalität, hin zu den separierenden Einrichtungen.

In den meisten staatlichen Sonderschulen für geistig Behinderte werden die kognitiven Leistungen und die sozialen Fähigkeiten gar nicht erst abgefragt, die Sonderpädagogen wollen es nicht wissen, denn schließlich fehlt ihnen die Möglichkeit, auf jedes Kind individuell einzugehen, also wird alles über einen Kamm geschoren. Geistig behindert heißt heute noch vielfach: »Für was lesen lernen oder sogar schreiben und rechnen? Das ist sowieso für die Katz!«

Dass durch das Lesenlernen die Denkfähigkeit und die Selbstsicherheit erhöht werden, hierdurch ein größerer Rahmen der Selbstversorgung erreicht wird und der dann auch noch Geld bei der Betreuung in Werkstatt und Heim einspart, ist unerheblich. Es gibt genug Studien über frühes Lesenlernen, allerdings nur ausländische, es gibt viele Beispiele von Kindern, die im Integrationsunterricht waren und heute einen Lebensweg gehen, der mit der Sonderschule so nicht möglich gewesen wäre.

Unsere Kinder werden sich nicht beschweren, sie werden keine bessere Lernsituation einfordern. Sie werden nicht nach Normalität schreien. Oder vielleicht doch? Auf ihre eigene Weise? Depressionen bei erwachsenen behinderten Menschen sind keine Seltenheit.

Es sind immer wieder die Eltern gefragt, und denen geht dann irgendwann die Luft aus. Irgendwann kommt der Frust hoch: »Für was rackern wir uns Tag für Tag ab? Was haben wir für Aussichten? Für die Behindertenwerkstatt und die Behindertenwohnheime reicht es allemal, wo jeder doch mit Fernsehschauenden, Nicht-Denkenden und vor allem angepassten Menschen zufrieden ist.«

Vor kurzem habe ich von den drei »S« gehört: satt, sauber und still. Im Grunde ist unsere Gesellschaft damit zufrieden.

Kochen, waschen, putzen, sich um die Kinder kümmern. Das ist alltägliches Programm. Ja, ich bin Hausfrau und Mutter und habe das auch bewusst gewählt. Trotzdem hatte ich mir das so nicht vorgestellt.

Mein »Baby« aus dem Bettchen rausheben, an- und ausziehen, wickeln, füttern, tragen, trösten. Rund um die Uhr muss ich auf Empfang sein. Kein Problem, aber das jetzt schon sieben Jahre lang!

Mal eben zum Kinderarzt flitzen: Eine Vorsorgeuntersuchung steht an, Magen-Darm-Infekt oder doch Läuse oder Scharlach aus dem Kindergarten mitgebracht?

Ach, wenn es doch nur das wäre. MRT, EEG, Röntgen, regelmäßige wöchentliche Therapien, Blutuntersuchungen stehen bei uns auf dem Stundenplan.

Mit dem Kind spielen, einfach so, die gemeinsame Zeit genießen und sich über die einzelnen Entwicklungsschritte freuen, kann ich schon gar nicht mehr. Fordern und fördern heißt die Devise. Nicht zuviel, aber auch nicht zuwenig! Von allem ein bisschen und zum richtigen Zeitpunkt. Die Behinderung steht im Mittelpunkt, und ich bin als Mutter zur »Hilfstherapeutin« mutiert.

Man soll sehen, dass alles im Rahmen bleibt. Gut gemeinte Tipps. Das Kind bei bester Laune halten. Es soll bloß nicht therapiemüde werden. Und ich?

Alles dreht sich ums Kind. Kein anderes Gesprächsthema, ich denke auch nichts anderes mehr! Geht es dem Kind gut, dann mir auch. Es ist der Gradmesser für die eigene Befindlichkeit. Meine eigenen Bedürfnisse? Hinten angestellt. Die Partnerschaft? Bleibt auf der Strecke!

Ich bin erschöpft. Nicht, dass ich vollends am Ende wäre, aber es ist alles so anstrengend geworden. Ich muss immer wieder animieren. Hilf mit! Streck den Arm in die Jacke! Sag Bescheid, wenn du Pipi machen musst. Jeden Tag muss ich Nora beturnen und zunächst mich aufs Neue dazu motivieren: Es bringt schon was!

Immer wieder sich aufraffen, einen neuen Termin wahrnehmen und einhalten, denn nur kontinuierlich dran bleiben, bringt uns weiter.

Klar, wir sind schon weit gekommen, wenn man mal die anfänglichen Prognosen betrachtet. Ich bin auch froh darüber. Trotzdem fühle ich mich therapiemüder als mein Kind. Ich bin es echt leid, jeden Tag zu turnen, den Mund zu vibrieren, Nora ins Auto zu laden und zu Therapeuten zu fahren. Ich mag nicht mehr!

Ich möchte morgens aufwachen und einfach bloß denken, was man eben normalerweise so für Sachen denkt: »Hat mein Kind gut geschlafen? Hat sie eine Schnake gestochen? Was machen wir heute bloß. Ziehst du dich bitte an und kommst zum Frühstück runter, wenn du fertig bist.«

Viele werden denken, Mensch, den »Familienstress« haben wir doch auch. Mein Kind zieht sich auch nur nach Machtkampf selbständig an und hat nachmittags viele Termine. Aber ist es nicht selbst gewählt, wenn das Kind vor lauter Schwimmkurs, Ballett und Musikschule keine freie Minute mehr hat?

Wenn *ich* aufhöre, zu Therapien zu gehen, bleibt mein Kind auf der Strecke.

Und der Ausblick?

Draußen alleine Fahrrad fahren, alleine Brötchen holen gehen, ausziehen in eine eigene Wohnung, Urlaub mit Freunden und vieles mehr, wird es so nie geben!

Dein Schrei aus der Tiefe der Seele
schwindlig
hoch oben auf saftigem Grün am Rand
der Klippe aufs schwarz Glitzernde
hinaus
zerreißt dich – ohne dass ein Ohr
ihn hört.

Salziges Gesicht, heulende Gischt, windiges
Haar peitscht ohne Gegenwehr
libellenflügeltaumelnd nasse Haut
wie durch Dornen
zerschundenes Herz.

Lehn dich an die Wut
wirbelnd,
laß sie zu die Gewalten
rauschend,
krachend,
tobend
plötzlich aus sinnlosem Nichts
der Kopf zerspringt vor Sehnsucht
atemlos vor Schmerz
frierend zittern
im Sommer gleißend hell
du zerfließt
spürst dich nur matt,
willst aufwachen
nur betäubt vom
dröhnenden Baß.

Wenn ich all das lese, was wir in unserer Dienstagsrunde geschrieben haben, durchströmen mich so unterschiedliche Gefühle, dass ich das selbst nicht richtig einzuordnen weiß. Bei vielen Stellen möchte ich einfach nur weinen, bei anderen schüttle ich nur den Kopf über so viel eigentlich Unfassbares. Ich ziehe Vergleiche zu unserer Familie oder frage mich, was da noch alles auf uns zukommen wird.

Wie mag es dann erst unseren Leserinnen und Lesern gehen?

Schreibe ich von Nina mit ihren ersten Leseanfängen oder ihrer großen Freude am Klettern, freue ich mich sehr über ihre Fortschritte, bin aber gleichzeitig bei Katharina, die nur mit großen Anstrengungen einen Fuß vor den anderen setzt, oder bei Marvin, bei dem an Laufen gar nicht zu denken ist, und denke aber auch an die anderen »fast Schulkinder« im Kindergarten, für die all das überhaupt kein Problem darstellt, erinnere mich an die vielen Mühen, die es macht, mit Nina kleine Fortschritte zu erzielen. Den Einen muss ich doch vorkommen wie die ewig jammernde und traurige Mutter, den Anderen doch eher als diejenige, die sich nicht so anstellen soll, denn es könnte ja schlimmer sein.

Ich will die ewig jammernde Mutter nicht sein, ich möchte gern meinen Platz finden, mit dem ich zufrieden sein kann. Es kommen aber immer wieder neue Situationen, die mich traurig stimmen, mich reizen zur Gegenwehr, zu Forderungen. Die wohlgemeinten Sätze wie: »Nina wird schon noch sprechen lernen« oder »sie ist ja ganz gut bei der Sache, für Down Syndrom« ärgern mich fürchterlich. Sätze von Mitmenschen, bei denen ich vermute, die wissen gar nicht, was das für tägliche Mühe macht.

Aber auf der anderen Seite komme ich mir lächerlich vor, wenn ich sehe, welche täglichen Sorgen andere Eltern mit ihren behinderten Kindern haben.

Irgendwie, denke ich, stehen wir mitten drin und doch am Rand.

UTE RÜSTER

SCHLÜSSELERFAHRUNGEN

Die Geschichten über das Leben mit behinderten Kindern gehen mir immer noch unter die Haut, obwohl sie mir sehr vertraut sind.

Im Sommer 1999 lud ich ein zur Teilnahme am:

> *Elterngesprächskreis für Eltern behinderter und entwicklungsverzögerter Kinder*
>
> Liebe Eltern, liebe Mütter, liebe Väter,
> Das Leben mit einem behinderten oder entwicklungsverzögerten Kind kennen gleichbetroffene Mütter und Väter aus eigener Erfahrung am besten. »Wie gehe ich mit Reaktionen der Umwelt um? Wie kann das Zusammenleben mit den Geschwistern gestaltet werden, ohne dass jemand zu kurz kommt? Wieviel Erziehung kann ich meinem Kind zumuten? Wie geht es mir als Mutter oder Vater mit der Behinderung meines Kindes? Welche Entscheidungshilfen bei der Zukunftsplanung brauche ich? Welche Sorgen und Befürchtungen bedrücken mich manchmal?«
> Diese und andere Überlegungen haben Sie sicher auch schon angestellt und sich vielleicht den Austausch mit anderen Eltern gewünscht. Gerne greife ich deshalb die Anregung und das Interesse einiger Mütter auf und lade Sie ein zur Teilnahme an einem Elterngesprächskreis.

Behutsam sind sechs Mütter aufeinander zugegangen, gespannt und aufmerksam zuhörend und auslotend, ob es Sinn macht, sich auf eine Gruppe mit diesen schwierigen Themen einzulassen. Damals waren alle Kinder noch klein und wurden durch die Frühförderung betreut; inzwischen sind alle Schulkinder.

Die Dienstage hatten ihren eigenen Rhythmus. Öfter kam jemand spät, war erschöpft oder genervt und froh, den geschützten Raum erreicht zu haben. Als »Insel« oder »Basislager« wurde er von Zeit zu Zeit empfunden. Meine Marmorkugel wanderte von Hand zu Hand. Die Mutter, die sie aufnahm, hatte das Wort, erzählte kurz, wie es ihr geht, welches Thema sie zur Zeit beschäftigt und ob sie sich wünscht, dass darüber an diesem Abend gesprochen werden soll. Vorrang hatten immer aktuelle Sorgen und Krisen.

Es galt die Regel, keine Ratschläge zu geben, keine Bewertungen oder Interpretationen vorzunehmen, sondern zu verstehen und offen zu sein für das, was der andere problematisiert, was ihn ärgert oder bedrückt und durch Einfühlung und persönliche Rückmeldungen zu einer eigenen Haltung beizutragen. Sehr selten gab es sofort eine Lösung, aber meistens Entlastung und Ermutigung.

Die Auseinandersetzung mit alltäglichen Problemen mündete oft ein in die Reflexion der eigenen Geschichte und die Erinnerung an den traumatisierenden Moment der Erstmitteilung, dass das Kind behindert sein könnte oder behindert ist. Die ersten Reaktionen und der vermeintliche Abriss persönlicher Perspektiven lagen wie ein Schatten über den Jahren danach. Die schmerzlichen Erfahrungen hinterließen Verletzungen, die wir versuchten, in der Gruppe immer wieder aufzufangen und zu bearbeiten.

Von Anfang an spiegelten die Erfahrungen der Mütter auch den Umgang der Umwelt mit ihrer besonderen Lebenslage – Verwandte, Freunde, Ärzte, zufällige Gesprächspartner, Erzieherinnen, Lehrerinnen und Lehrer. Zunächst waren es »Unwissende«, die vielleicht nur aufgeklärt werden mussten, um besser zu verstehen. Immer deutlicher zeichnete sich jedoch ab, dass Sorglosigkeit oder Desinteresse, manchmal auch falsch verstandenes Mitleid, alte Wunden neu aufrissen. Die Mütter fühlten sich wiederholt ausgegrenzt, herabgestuft, manchmal auch gedemütigt. Die Bewunderung im Freundeskreis darüber, »wie du das alles schaffst« oder »du bist so eine tüchtige Frau, du schaffst das schon«, hinterließ Spuren des Alleingelassenwerdens, der Enttäuschung und Missachtung. Alle diese Erfahrungen standen im starken Kontrast zu der emotionalen Zuwendung und Liebe, die sie und die Väter den Kindern, als Grundstock des Vertrauens des Kindes in die Welt und sich selbst entgegenbrachten.

Parallel zu persönlichen Themen versuchten wir, uns ein Bild zu machen über das, was sich auf gesellschaftlicher Ebene an Einstellungen und Tendenzen abzeichnete.

Allerdings erreichte die Ethikdebatte die Gruppe nicht nur durch die öffentliche Diskussion, sondern auch, weil vier Mütter wieder schwanger wurden. Die Frage, ob man eine vorgeburtliche Abklärung wünschte oder ob man dem »Schicksal seinen Lauf« lassen sollte, begleitete die Gruppe über einen langen Zeitraum. Die persönliche Entscheidung für den einen oder den anderen Weg wurde nicht beeinflusst, sondern respektiert. Wir alle waren sehr erleichtert und froh über die Geburt von fünf gesunden Babys.

Wir näherten uns den gesellschaftlichen Widerständen u.a. durch das

Studium parteipolitischer Programme vor den Wahlen, um unterschiedliche Perspektiven und Absichten auszuleuchten sowie eine Vorstellung davon zu bekommen, welchen Stellenwert Integration hat und welche Chance die behinderten Kinder erhalten werden, mit ihren eigenen Leistungen und Fähigkeiten einen Platz in der Gesellschaft zu finden.

Die Frage: »Wird mein Kind in einen guten Kindergarten mit erfahrenen und verständnisvollen Erzieherinnen und aufgeschlossenen Eltern integriert werden können?« verwies auf das Problem, dass es immer noch nicht selbstverständlich ist, behinderte Kinder wohnortnah sorglos unterzubringen.

Als besonders deprimierend erwies sich die Suche nach einer geeigneten Schule. Ich motivierte die Mütter, ihre Wünsche aufzuschreiben und sie in einem Brief an die hessische Kultusministerin, Frau Wolff, verbunden mit der Einladung zu einem Elternabend (im November 2000) zu veröffentlichen. Nachdrücklich unterstützt wurde diese Aktion von der »Frankfurter Runde – Frühförderung« (Zusammenschluss aller Frühförderstellen), da dieses Thema vielen Eltern und Fachleuten Kopfzerbrechen bereitete. Lag die Befürchtung der sozialen Ausgrenzung doch nahe, da der »Gemeinsame Unterricht« behinderter und nicht behinderter Kinder in Regelschulen nicht politischer Wille war. Immerhin gab es eine beschwichtigende Antwort über die Bemühungen der hessischen Landesregierung, aber keine Willensbekundung, die schulische Situation grundlegend zu verbessern, geschweige denn zu reformieren im Sinne einer »Schule für alle«. Die solidarische und kämpferische Haltung in Frankfurt half zwar, die Vereinzelung kurzfristig aufzuheben, entlastete die Eltern jedoch nicht von der zermürbenden Suche nach einem guten Schulplatz für ihr eigenes Kind.

Wie ein roter Faden zog sich durch alle Themen der Eindruck der Mütter, dass trotz aller Bemühungen die Gefahr sozialer und gesellschaftlicher Ausgrenzung nur schwer zu bannen war.

In vielen täglichen Begegnungen hatten sie das Gefühl, sich nicht verständlich machen zu können. Manchmal, weil ihnen die eigene Betroffenheit die Luft nahm spontan zu reagieren und ihnen die passende Antwort erst am nächsten Tag einfiel, wenn keiner mehr da war, manchmal, weil sie spürten, dass es angemessener war, ihr Gegenüber zu schonen oder zu trösten.

Anerkennung und ein Sich-Kümmern zu erreichen, waren Wünsche und Ziele der Mütter, schließlich waren ihre Kinder auch Kinder wie alle anderen, allerdings mit einem schwierigen Start ins Leben und außergewöhnlichen Entwicklungsverläufen.

Ihnen war klar, dass Nicht-Betroffene sich nicht vorstellen konnten, wie sich das Leben in ganz normalen Familien verändert, wenn ein Kind mit einer Behinderung geboren wird.

Wie aber könnte es gelingen, Brücken zu bauen zu einem authentischen gleichwertigen Dialog mit der Umwelt? Auch die Mütter der Elterngruppe sind unverhofft konfrontiert worden mit einer Situation, in der sie neu lernen mussten, ihr Leben zu gestalten. Warum sollten andere nicht auch lernen können, einfühlsamer und verständnisvoller mit ihnen und ihren Kindern im Kontakt zu bleiben? Nach vier Jahren intensiver Arbeit in der Gruppe, pendelnd zwischen Selbsterfahrung und Realitätsbewältigung, zwischen dem Blick auf die innere und äußere Realität, ermutigte ich die Mütter aufzuschreiben, was sie täglich erfahren, was sie bewegt, und den Schritt an die Öffentlichkeit zu wagen, um die Umwelt »teilhaben« zu lassen. Sie empfanden es zunehmend als befreiend, aus dem Schutz der Gruppe aufzubrechen und den Dialog mit den Menschen zu suchen, die ihren Alltag und ihr Leben mitprägen.

Unter dem Aspekt: *Gruppe heilt! Heilt Gruppe?* werteten die Mütter aus, wo sie jetzt stehen.

Wäre die Behinderung verschwunden, hätte die Gruppe heilen können. Dies ist hier nicht der Fall. Aber alle Mütter können ihre ambivalenten Gefühle besser aushalten und fühlen sich besser gewappnet gegen Tiefschläge. Sie lieben ihre Kinder, so wie sie sind, und akzeptieren, dass ihr Leben anders geprägt ist. Sich nicht mehr ins Schneckenhaus zurückziehen zu müssen, sondern handlungsfähiger zu sein, besser zu wissen, was wichtig ist, und nicht aufzugeben, sind Meilensteine für ein wieder gewachsenes Selbstvertrauen. Trotz aller Verzweiflung sind der Humor und das Lachen zurückgekehrt, haben sie Hoffnung geschöpft, neue Freunde gefunden, sind toleranter geworden und können den »Unwissenden« mehr Zeit einräumen.

Eine direkte Präsenz der Väter bleibt in diesem Buch leider im Hintergrund, obwohl zu Beginn der Gruppe auch ein Vater teilnahm. Sie waren immer eingebunden durch gemeinsame Wochenenden und sporadische abendliche Treffen. Bei der Titelgebung und Gestaltung des Buches waren sie unentbehrlich.

Der gemeinsame Weg ist mit der Einschulung der Kinder nicht zu Ende. Ich hoffe der mutige Schritt dieser Veröffentlichung trägt zu mehr Verständnis und damit auch zu mehr Verständigung bei.

Claudia Carda-Döring, verheiratet, drei Kinder, PR-Beraterin.

Rosa Maria Manso Arias, verheiratet, zwei Kinder, Anwaltsgehilfin.

Tanja Misof, verheiratet, zwei Kinder, Sportwissenschaftlerin.

Monika Repp, verheiratet, drei Kinder, Bauphysikerin.

Ute Rüster, Leiterin der Frühförder- und Beratungsstelle der Lebenshilfe Frankfurt a. M. bis Juni 2005

Ulrike Schießle, verheiratet, ein Kind, ganzheitliche Masseurin.

Heike Schultz, verheiratet, zwei Kinder, Controllerin.

Abort – Schwangerschaftsunterbrechung; Fehlgeburt.

Amniozentese – Fruchtwasseruntersuchung; vorgeburtliches Diagnostikverfahren.

Angelman-Syndrom – Folge einer seltenen genetischen Veränderung im Bereich des Chromosoms 15. Fast immer ist bei dieser geistigen Behinderung keine Sprachfähigkeit zu beobachten sowie eine Störung des Bewegungsapparates bzw. des Gleichgewichts vorhanden. Besondere Verhaltensweisen und bestimmte physische Merkmale sind für AS-Kinder typisch (www.angelman.de).

Anomalie – Abweichung von der Norm

Behinderung – individuelle Beeinträchtigung eines Menschen, die umfänglich, vergleichsweise schwer und langfristig sind (Kategorien: körperliche Behinderung, Sinnesbehinderung, Sprachbehinderung, psychische Behinderung, Lernbehinderung, geistige Behinderung) (www.behinderung.org).

Behinderung, geistige – bezeichnet einen andauernden Zustand deutlich unterdurchschnittlicher kognitiver Fähigkeiten eines Menschen sowie damit verbundene Einschränkungen seines affektiven Verhaltens.

Behinderung, körperliche – angeborene oder erworbene, vollständige oder teilweise, vorübergehende oder anhaltende Beeinträchtigung körperlicher Funktionen, sei es durch Schädigung des Stütz- oder Bewegungsapparates, des Zentralnervensystems oder anderer Organsysteme des Körpers.

Bobath – krankengymnastisches Behandlungskonzept; wesentlicher Punkt darin ist das »Denken in Funktionen«: Dem Kind sollen komplexe, willentliche Bewegungsabläufe ermöglicht werden, deren Ziel die größtmögliche Selbständigkeit des Kindes ist (www.bobath-vereinigung.de).

Brailleschrift – Blindenschrift; Erfinder Louis Braille.

Cerebral – auf das Gehirn bezogen.

Chorionzottenbiopsie – Plazentauntersuchung; vorgeburtliches Diagnostikverfahren.

Colitis ulserosa – chronische Darmkrankheit.

Delfintherapie – Therapieprogramm; entwickelt vom amerikanischen Psychologen und Verhaltensforscher Dr. David Nathanson zur Stimulation von kranken und behinderten Kindern durch Delfine, die Lernprozesse in Gang setzen (www.delphintherapie.net).

Diagnostik – Untersuchung zur Erkennung von Krankheiten, z. B. vorgeburtliche Diagnostik.

Differenzierter Unterricht – lernzieldifferenzierter Unterricht; Unterschiede in Lerntempo, Lernvermögen, Stärken und Schwächen sowie Interessen werden berücksichtigt; für jedes Kind werden in der Regelschule individuelle Lehrpläne erstellt und Lernbedingungen geschaffen – nicht nur für Kinder mit Behinderungen.

Doman Delacato – neuro- und sensomotorische Behandlungsmethode für hirngeschädigte Kinder; entwickelt von Glenn Doman (Physiotherapeut) und Carl Delacato (Psychologe/Pädagoge) in den 1960er Jahren.

Dopplersonographie – Darstellung des Blutstroms mittels eines Ultraschallverfahrens auf einem Monitor.

Down Syndrom – Das Chromosom 21 ist dreifach vorhanden. Es ist eines der verbreitetsten angeborenen Syndrome. Die geistigen Fähigkeiten der Kinder weisen eine enorme Streubreite auf. Die Spanne reicht von schwerer Behinderung bis zu fast durchschnittlicher Intelligenz (www.ds-infocenter.de).

EEG – Elektroenzephallogram; Messung der Hirnströme.

EKG – Elektrokardiogramm; Ableitung und Aufzeichnung der elektrischen Aktivität im Herzen.

Entwicklungsverzögerung – Kinderärzte und Entwicklungspsychologen haben aufgrund von Beobachtungen aus allen Bereichen der kindlichen Entwicklung (motorisch, geistig, sprachlich, emotional, sozial) Werte zusammengetragen, um Aussagen darüber treffen zu können, in welchem Alter Kinder einzelne Fertigkeiten spätestens beherrschen sollen. Somit können Aussagen getroffen werden, wann einzelne Entwicklungsschritte im Normalfall stattfinden bzw. wann eine Entwicklungsverzögerung vorliegt.

Epilepsie – anfallsartige Krämpfe aufgrund einer Gehirnfunktionsstörung (www.epilepsie-netz.de).

Ergotherapie – zusammenfassende Bezeichnung für Arbeits- und Beschäftigungstherapie mit dem Ziel »durch den Einsatz von Aktivitäten, Betätigungen und Umweltanpassung dem Menschen eine größtmögliche Handlungsfähigkeit im Alltag ... zu ermöglichen« (www.ergotherapie-dve.de).

Eurythmie – in der Anthroposophie gepflegte Bewegungskunst.

Frühförderung – Sammelbezeichnung für pädagogische und therapeutische Entwicklungsförderungen für Kinder, die behindert, von Behinderung bedroht, entwicklungsverzögert oder Risikokinder sind. Die Maßnahmen der Frühförderung umfassen den Zeitraum ab der Geburt und können sich bis zum Kindergarteneintritt oder bis zur Einschulung erstrecken.

Hippotherapie – Behandlungsform mit Hilfe des Pferdes (www.hippotherapie.de).

Infantile Cerebralparese (ICP) – nicht fortschreitende funktionelle Hirnschädigung, charakterisiert durch Störungen des Nerven- und Muskelsystems im Bereich von Koordination und Bewegungsabläufen; Betroffene umgangssprachlich als »Spastiker« bezeichnet; Die Spastik (vermehrter Spannungszustand der Muskulatur) ist jedoch nur eine Form der ICP. Weitere Formen sind die Ataxie (Störung der Bewegungskoordination) und die unterschiedlichen Formen der Athetose (Störung des Bewegungsablaufs). Ursache: schädigende Einwirkung (z. B. Sauerstoffmangel) auf das sich noch entwickelnde Zentralnervensystem vor, während oder kurz nach der Geburt.

Inkubator – Brutkasten.

Integration – Schulische Integration bezeichnet in der Sonder- und Heilpädagogik das Einbinden von Kindern mit Behinderung in den Unterricht von Nichtbehinderten.

Kollaps – Kreislaufzusammenbruch mit vorübergehender Sauerstoffunterversorgung des Gehirns.

Kozjavkin – intensive Neurophysiologische Rehabilitation, benannt nach Vladimir Kozjavkin.

Lebenshilfe e.V. – ist ein gemeinnütziger Verein, der sich deutschlandweit als Dienstleister und Interessensvertretung für die Belange von Menschen mit insbesondere geistiger Behinderung und ihrer Familien einsetzt (www.lebenshilfe.de).

Logopädie – Frühbehandlung von Kindern ab den ersten Lebenswochen, u. a. von Kindern mit Down Syndrom sowie Kindern mit Störungen bei der Nahrungsmittelaufnahme; gebärdenunterstützte Kommunikation bei Sprachbehinderungen; Sprachtherapie.

MDK – Medizinischer Dienst der Krankenversicherung.

Mikrozephalie – Entwicklungsbesonderheit beim Menschen, bei der der Kopf eine vergleichsweise geringe Größe aufweist.

Morphologie – Lehre vom Aufbau und Form des Körpers bzw. der Organe.

MRT – Magnetoresonanztomographie; Kernspintomographie; diagnostische Technik zur Darstellung der inneren Organe und Gewebe.

MFED – (Münchner Funktionelle Entwicklungsdiagnostik) In der MFED wird die Entwicklung des Kindes von der Geburt bis zum Ende des 3. Lebensjahres in den Funktionen des Krabbelns, Sitzens, Laufens, Greifens, Wahrnehmens, der aktiven und passiven Sprache, der Selbständigkeit und des sozialen Verhaltens beurteilt.

Nasopharyngoskopie – filmische Untersuchung des Rachenraums durch die Nase.

Petö – Gruppentherapie nach dem ungarischem Neurologen András Petö benannt; umfasst breitgefächerte »konduktive Förderung«, die die Aufgaben des Physio- und Bewegungstherapeuten sowie Logopäden, Motopäden, Sonderpädagogen, Erzieher, Pfleger und des Lehrers vereint (www.bundesverband-fortschritt.de, www.konduktive-foerderung.de).

Pflegestufe – um Leistungen der Pflegeversicherung in Anspruch nehmen zu können, muss eine Pflegestufe festgestellt werden. Anhand des zeitlichen pflegerischen Mehraufwandes wird ein Gutachten vom MDK erstellt.

Plazenta – (Mutterkuchen) vorhandenes Gewebe in der Gebärmutter.

Plazentainsuffizienz – ungenügende Durchblutung des Mutterkuchens.

Physiotherapie – Krankengymnastik; Behandlung von Krankheiten mit naturgegebenen Mitteln wie Wasser, Luft, Licht.

Psychomotorik – Konzept einer persönlichkeitsfördernden Therapie durch das Zusammenspiel von Wahrnehmung, Bewegung, Psyche, sozialer und materieller Umwelt.

Perisylvisches Syndrom – spontane vorgeburtliche Hirnfehlbildung unbekannten Ursprungs.

Periventrikuläre Leukomalazie (PVL) – Schädigung weißer Hirnsubstanz; Untergang von Nervenfasern in der Nachbarschaft der Hirnkammern.

Reanimation – Wiederbelebung; Notfallmaßnahme bei plötzlichem Atem- oder Herzstillstand.

Rollator – fahrbare Gehhilfe.

Sectio caesarea – Kaiserschnitt.

Sonderpädagogik – Pädagogik unter erschwerten Bedingungen, knüpft dort an, wo »normale« pädagogische Maßnahmen nicht mehr greifen.

Sozialpädiatrie – Schwerpunkt der Pädiatrie (Kinderheilkunde), befasst sich allgemein mit den Entwicklungsstörungen oder Entwicklungsverzögerungen, die im Kindesalter auftreten können; bei Untersuchungen im Sozialpädiatrischen Zentrum (SPZ) werden neben Ärzten auch verschiedene Therapeuten eingebunden, wie z. B. Physiotherapeuten, Ergotherapeuten, Logopäden und Psychologen.

Therapie – Maßnahmen zur Behandlung von Krankheiten und Verletzungen mit dem Ziel der Heilung, der Beseitigung oder der Linderung der Symptome und der Wiederherstellung der körperlichen oder psychischen Funktion.

Tonus – Spannungszustand der Muskulatur.

Triple-Test – vorgeburtliches Diagnostikverfahren; Risikobestimmungstest für z. B. Trisomie 18, Trisomie 21 und Spina bifida.

Velum – (anatom.) Gaumensegel.

Vojta – krankengymnastisches Behandlungskonzept; Ausgehend von bestimmten Körperhaltungen werden durch gezielte Reize reflektorisch Muskelaktivitäten erzeugt, wie sie in der normalen motorischen Entwicklung von selbst auftreten. Damit kann anstelle der pathologischen Bewegungs- und Körperhaltungsmuster wieder ein richtiges Zusammenspiel der Muskeln entstehen (www.vojta.com).

Quelle: www.wikipedia.org

Frank Dammasch/Hans-Geert Metzger (Hrsg.)

Die Bedeutung des Vaters

Die Beiträge dieses Buches schildern in eindrucksvoller Weise, wie vielfältig die Bedeutungsfacetten des Väterlichen sein können. Sie führen uns vor Augen, dass es für Erziehungswissenschaft und entwicklungspsychologie genauso wie für Eltern und Kinder sowie für Kinder- und Erwachsenenpsychoanalytiker wichtig ist, sich der prägenden Bedeutung des väterlichen Dritten bewusst zu werden.

Hardcover
336 S., € 29,–
ISBN 3-86099-820-X

Mit Beiträgen von

Andrea Bambey, Heribert Blaß, Raymond Borens, Ronald Britton, Frank Dammasch, Walter Gumbinger, Britta Heberle, Dorothea Lenkisch-Gnädiger, Joyce McDougall, Hans-Geert Metzger, Anita Weinreb Katz, Biddy Youell